國學院大學日本文化研究所編

律令法とその周辺

汲古書院

律令法とその周辺　目次

Ⅰ部

Ⅱ部

律令法とその周辺

I 部

律令研究会の発足

瀧川政次郎

いつのことだったか、はっきり覚えていないが、文学部の西田長男教授と本学の嘱託であった大串於菟夫氏とが、私の研究室に見えられ、私に毎週一回我々教職員のために令集解の講義を聴かしてくれないかという話をされた。それから半年か一年たって、私は千家尊宣理事から毎月一回日本文化研究所で令集解の講義をしてもらいたいという申入れを受けた。私は坂本太郎教授が参加して下さるならば、二人で交互に講義しましょうと答えた。これが國學院大學律令研究会のおこりで、その第一回の講義は、昭和四十四年一月二十五日、常磐松校舎の小会議室において行われた。

爾来、毎月第三土曜日の午後例会を開き、今年（昭和四十七年）十二月までに会を重ねること三十七回に及んでいる。講師は瀧川、坂本の両人で、講本には『新訂増補國史大系』本の令集解を使用し、初めは瀧川、坂本の輪講ということになっていたが、後には坂本氏が朗読されて、私が講釈するのが例となった。國史大系本の令集解に句読返り点をつけられたのは、坂本博士であるから、その朗読は最も権威のあるものであって、時には國史大系本の誤植を訂されることもある。令集解は、私が青年時代に苦心して読んだ本であって、『皇学叢書』本の令集解の頭注は、私の施したものであるから、その講釈は下調べをして置かなくともひと通りは遣り得る。しかし、いざ講義となると、疑問続出で、私はその前夜おそくまで下調べをしたことが屢々ある。私の研究のタッチは荒く、坂本氏の研究のキメは細い。故に坂本氏はそばについて私の講釈の誤りを指摘される。時には両者見解を異にすることもあって、議論を闘わすが、その議論は聴講者にとってよい参考になったと思う。私に故障あるときは、坂本氏が朗読、解釈を共に行い、坂本氏欠席の場合は、私がひとりで朗読、講釈を行う。講義は午後二時から始まって、四時半ごろに終ることもあるが、六時までやったこともある。それほどやっても、まだ職員令の弾正台条が済んだところである。よくそれだけ喋ることがあると、我ながら感心させられる。二年半もかかって未だ職員令が終わらないようなことでは、全巻を終わるには何年かかるかわからない。そんなことでは覚束ないではないかと心配する向もあるが、職員令を完全に講義するためには、律令格式の全般に渉らなければならないので、職員令の講義はいちばんむつかしい。故に聴講者は職員令の講義を聴いて、令集解を読むことに閑えば、あとは自分ひとりですらすらと読めるわけで、講義の進捗のわるいのは、憂うるに及ばない。憂うべきはその突っ込む方の足りぬことである。

聴講者は、初めのうちは本学の教職員、大学院学生だけであったが、噂をきいて集る者がだんだん増え、都下各大学の教授、助教授、史料編纂所、国会図書館の職員等をも交えるに至り、会の存在は都下のみならず、全国の学会に知られるに至った。それが拡大された律令研究会の起る所以である。

律令研究会第百五十回例会を迎えて

小林　宏

本研究所〔國學院大學日本文化研究所〕主催の律令研究会は、本年十一月の例会をもって、百五十回をかぞえることとなる。この機に当り、本学と律令学との関係を往時に遡って偲び、あわせて研究会設立の事情やその後の推移を叙して、本学における今後の律令研究の発展に資することとしたい。

本学〔國學院大學〕の前身である皇典講究所は、明治十五年に創立されたが、そこでは修身科、歴史科、文章科と並んで法令科が設けられている。法令科の正科教授は、当時東京大学教授であった小中村清矩であった。小中村博士は、神社制度や神道祭式の制定、明治皇室典範の編纂等に尽力したが、就中、律令の学に詳しく、皇典講究所においても、「日本古代法律」、即ち日本律令を講じた。博士の学問の特色は、その著『官職制度沿革史』や『令義解講義』等に見られる如く、官位令、職員令、神祇令、獄令等を中心とする令制官職の研究であった。明治初期には、所謂王制復古を成し遂げた新政府が大宝令の制に倣って官制を作り、又大宝律と同一系統に属する中国法系の新律綱領を定めたので、当時これらの諸制度、諸法規の運用には、古代法の知識を実際に必要としたのである。

明治二十一年十二月、帝国憲法及び皇室典範の制定にあたり、国典は立国の根源であり、それを講究することは、政事上、又国民教育上、随一の必要であるとの認識から（井上毅「国典講究ニ関スル演説」）、翌年以降、毎週一回、皇典講究所において、国史、国文と共に古代法制の公開講義が行なわれることとなり、後に至ってそれらがまとめて出版された。即ち『法制論纂』正続二冊である。そこには小中村博士を始めとする当時の著名な学者による多彩な論考が収録されている。

明治二十三年七月、皇典講究所の所長であった山田顕義は、講究所を拡張して國學院を設立しようとした。その國學院設立趣意書には、「近時、各国人ヲ教フル法、必先其国史、国文、国法ヲ授ケ、次ニ百科ノ学ニ従事セシムルヲ常トス。……茲ニ國學院ヲ設立シテ専国史、国文、国法ヲ攻究シ、我カ国民ノ国家観念ヲ湧出スル源泉トナシ」云々とあるように、ここに新たに構想された國學院は、国史、国文と共に国法をも、その研究、教育の基本に置こうとするものであった。当時の國學院本科の学科課程表をみると、「法制」という科目があり、その内容は「古代法制」、「憲法」、「皇室典範」の三者となっている。その授業時間は、「古代法制」が他の二者に比べて圧倒的に多く、且つその教授陣は、前述の小中村清矩の外、有賀長雄、小中村義象、井上頼圀という人達であったから、「法制」なる科目は、やはり律令法を中心とするものであった。

このように山田顕義の標榜する「国法」の内容は、日本律令が主たるものであり、当時、日本律令は記紀、万葉と並んで「皇典」の重要な部分を成していたのである。従って、本学は我が国における近代律令学濫觴の地といっても過言ではない。ただ前述の山田所長の国法科設立の意図は、日本法律学校として國學院とは別個に実現されたけれども、国法を重んずるその学統は、脈々として後の國學院にも伝えられた。その徴証とみられるものの一つは、明治三十二年十一月から翌三十三年三月まで、前後五回にわたって『國學院雑誌』に掲載された佐藤誠実博士の「律令考」である。この論考は、日唐律令とその注釈書に関する多岐にわたる実証的な研究であって、極めて学問的水準の高いものであり、その後の大正、昭和における律令研究の基点となった名篇である。

本学と律令学との関係を俯瞰するとき、もう一つ逸することのできないものとして『古事類苑』の編纂がある。本書の編輯は、周知の如く明治十二年三月から大正三年三月まで三十五年の歳月を費して、明治国学者の総力を結集して成された大事業であるが、明治二十三年三月、東京学士会院よりこの難事業を引き継ぎ、同二十八年三月に神宮司庁に引き渡すまで五年間、皇典講究所において、その編纂を担当したのである。しかもこの事業に最も多く尽力したのも前記小中村、佐藤両博士であり、その「法律部」、「政治部」等には律令関係の重要記事が多い。

以上述べた如く、本学は建学以来、律令と極めて密接な関係を有するものであったが、それを復活し、本学を再び律令研究のメッカたらしめようとして始められたのが、本研究所主催の律令研究会であった。この研究会は昭和四十三年十二月、当時の理事であった千家尊宣氏の提唱によって作られたものであり、千家理事は、律令学の泰斗である瀧川政次郎、坂本太郎両博士が本学の教授として在職されていることに留意し、前述の如き趣旨から先ず瀧川博士に相談され、瀧川博士の賛意を得てから、更に瀧川博士を通じて坂本博士の協力を求められた。

しからば研究会は、どこで、どのようにして進めて行くかということが次に問題となったが、結局、日本文化研究所において令集解の逐条解釈をするのがよかろうということになった。令集解とは九世紀後半、当時の明法家、惟宗直本が日本律令に関する諸家の注釈を集成した大著であり、まさに律令学の宝庫ともいうべき古典である。これに類する書は、東洋では他に残されておらず、ユスチニアヌス帝編纂のローマ法大全中の「学説彙纂」にも匹敵するものといわれている。しかも瀧川博士は、昭和六年、三浦周行博士と共に著わされた『定本令集解釈義』において、その標註を担当され、又坂本博士は『新訂増補國史大系』の『令集解』の校訂に従事されて、共に学界における令集解研究の双璧であり、両博士を措いて令集解講読の適任者はいないといってもよい。

さて、その第一回の研究会は、昭和四十四年一月二十五日、午後三時より常磐松二号館三階小会議室において開かれた。当日の出席者は、瀧川、坂本両博士の外、千家尊宣氏等、計二十三名であった。第一回から第三回までの研究会は、令集解を講読するに当って、律令全般の知識を習得しておく必要があるとの配慮から、瀧川博士による「律令学総論」と題する講義が為された。それ以降の研究会は、令集解の本文を坂本博士が音読され、次いで瀧川博士がその内容を逐一解説されるという形で進められた。瀧川博士の解説は、主として法律学、国家学的立場からするものであり、坂本博士の解説は、主としてテキストである國史大系の加点の訂正や用字の異同等の文献学的立場からするものであり、両者相俟って、その講義はまことに珠玉の絶品となったのである。なお、この両博士の講義内容は、その後、久保正幡博士の助言により、これをテープに収めることとし、現在それが日本文化研究所に保管されている。

研究会には、斯界の権威を招いて講演を依頼したことも間々あった。即ち神祇令の西田長男、後宮職員令の角田文衛、戸令の村尾次郎、ローマ法の久保正幡等の諸氏である。昭和五十四年の一月例会からは、両博士の負担を幾分でも軽減する為、筆者に講義するよう瀧川博士から命じられ、それをうけて戸令の良人家人条から更に田令、賦役令へと読み進んだ。もとより浅学なる筆者に両博士の代講は勤められる筈もなく、為に引用文献の原典への遡及、関連条文の相互比照等を主に調べて報告し、両先生の助言を仰いで、どうにかその場その場を凌いだのであるが、両碩学を前にして難解な令集解の文を講読するのは、まさに冷汗三斗の思いであった。

このようにして、研究会は昭和五十四年十二月八日、第百回の例会を迎えたのである。当日は午後二時から常磐松二号館小会議室において、挨拶・内野吾郎、所懐・瀧川政次郎、記念講演・時野谷滋「日唐における封戸の点定」、講読・小林宏「田令集解公田条」という順序で会が進められ、次いで席を移して、ささやかな祝いの会が大学に隣接する全国神社会館で開かれた。その席上、来賓として招かれた井上光貞博士は、本研究会が律令学発展に寄与していることを称えられると共に、博士自身すでに令集解全般にわたる注釈をほぼ完成して、近くそれを刊行する予定であることを報告された。

昭和五十六年に入り、瀧川、坂本両博士から高齢の故をもって、研究会講師を辞退したい旨が漏らされ、筆者もこれを機に律令研究会を閉じるべく考えたが、長年続いた由緒ある研究会をここでなくしてしまうことにも、半ば逡巡する気持があった。会員諸氏にそれをはかった処、存続すべしという意見が強く、かくして同年六月、装いを新たにして研究会を再発足せしめることとしたのである。即ち、この新生研究会は、会員による令集解の輪読を原則とし、講読する個所も、集解の後半部分は目にふれる機会が比較的少ないので、末尾の喪葬令から篇目毎に逆に前へ読み進めて行くこととした。又、以前の研究会では碩学による講義ということで、若い研究者の中には若干遠慮があり、質疑する者も少なかったが、この度の研究会では、会員は皆平等な立場で自由に発言できるようにして、相互間の学問的討議を活潑ならしめるよう会の運営にも心懸けたのである。

新研究会には幹事役として、高塩博氏と筆者とが当り、講読は喪葬令、仮寧令、廐牧令を終了して、現在では公式令に入っている。出席者数はそれほど多くはないが、毎回、学内外から熱心な参加者があり、歴史学、法律学、神道学、民俗学等の立場からそれぞれ質疑が行なわれ、研究会として漸く活況を取り戻しつつある。当研究会は、いわば開かれた研究会であり、又、令集解の内容は各学問分野とも密接に関係するから、この第百五十回例会を期して、一人でも多くの研究者が各界から広くこの会に参加されることを切望してやまない。

〔原載―國學院大學日本文化研究所報一三三号、昭和六十一年十一月〕

〔補記〕

律令研究会の第百五十回例会以降の活動は、本書附載の「律令研究会の歩み」に、その概略が記されているが、昭和五十六年に瀧川政次郎、坂本太郎の両先生が退かれて以降、新生の律令研究会における令集解の輪読は、幹事役を勤めた高塩博氏と筆者の他、島善高、小畠和朗、斎藤眞人、長又高夫、佐多芳彦、阿部芳夫、瀬賀正博、宮部香織、大浦太治、石岡浩、野田武志等の諸氏が担当した。輪読には久保正幡、水戸部正男、黒板伸夫、木暮英夫、高藤昇等の諸先生も引き続き出席され、瀧川、坂本両先生に代って随時、適切な御助言、御指導を賜わった。また年一回の学外者からの研究報告は、それぞれ御専門の立場から令集解の講読にとって有益な御教示を頂いた。例会の出席者は、毎回十名前後であるが、新生の律令研究会の出席者名は、合計すると九十近くを数え、昨年より、幹事は長又高夫氏が担当して現在に至っている。

（平成十五年七月二十五日記）

律令研究会について

高塩　博

本研究所〔國學院大学日本文化研究所〕主催の律令研究会は、今月〔平成十年九月〕の例会が第二五五回目となる。昭和四十四年一月二十五日に第一回の例会を開催して以来、実に二十八年と九箇月の歳月が経過したのである。この機会に律令研究会の歩みの一端を記しておく。律令研究会発足の事情、國學院大學と律令学との関係等については、小林宏教授の「律令研究会第百五十回例会を迎えて」（本書所収）に述べられているので御覧いただければ幸いである。

律令研究会は発足以来、一貫して「令集解」の逐条解釈を行っている。「令集解《りょうのしゅうげ》」は律令のうち令三十篇についての注釈を集成した書である。本書は九世紀後半に明法家《みょうぼうか》惟宗直本《これむねのなおもと》が著したとされる注釈書で、当時見ることのできる諸家の注釈を各条文ごとに編集している。「令集解」の価値は、右の小林氏の言を借りるならば、「律令学の宝庫ともいうべき古典」

であり、「これに類する書は、東洋では他に残されておらず、ユスチニアス帝編纂のローマ法大全中の『学説彙纂』にも匹敵するものともいわれ」るものなのである。

令三十篇は、国家の組織法、神祇・仏教に関する宗教法、戸籍法、婚姻法、相続法、土地法、税法、教育・公文書・牧畜・医療・喪葬等に関する法、その他交通・警察・訴訟・行刑等に関する法など、国家制度の万般におよぶ法体系である。「令集解」はそれの注釈書集成であるから、様々な分野からの研究が可能であり、また望まれるところでもある。しかしながら、「令集解」は難解な書であり、その諸注釈を読み解くにはかなりの訓練を要する。

律令研究会二十九年の歩みは、――発足以来十二年間とそれ以後と――大きく二つの時期に分けることができる。最初の十二年間は、瀧川政次郎・坂本太郎両博士が講師をつとめられた。研究会発足当時、法学部に瀧川博士、文学部に坂本博士が在職しておられた。周知のように、坂本博士は日本史学界を代表する学者であり(昭和五十七年に文化勲章受章)、一方、瀧川博士は日中の法制史に通じた法制史学界の碩学である。

明治二十三年創立の國學院は、国史・国文とともに、律令学を中心とする古代法制の学を教授する学校として設立された。本学理事の千家尊宣氏は、この学問的伝統をふまえ、本研究所内に瀧川・坂本両博士を講師とする律令研究会の発足を提唱されたのであった。坂本博士は『新訂増補國史大系』の『令集解』の編者のお一人であり、瀧川博士は京都大学の三浦周行博士とともに『定本令集解釈義』を著し、その標註を担当された方であった。「令集解」の講義にはうってつけの大先生がおられた訳である。

以来、例会を毎月第三土曜日の午後と定め、本学常磐松二号館の小会議室を会場として両先生の講義が行われた。その講義法は、はじめに坂本博士が「令集解」を音読され、その際には読点・返り点の訂正、誤植の指摘など、國史大系本に校訂を施された。その後瀧川博士が講義されるのだが、その講釈たるや奈良・平安時代にとどまらず、話題は古今東西にわたり、瀧川博士ならではの博覧強記が発揮されたのであった。それ故、律令研究会には本研究所のみならず学外からも多数の研究者が聴きにこられ、椅子が足りなくなって隣室から補充する時もあった。両先生の講義のみならず、お茶請として出される千本堂（渋谷金王八幡宮前の和菓子舗）のお菓子も楽しみの一つであった。

両博士の講義内容は、久保正幡博士（当時法学部教授、西洋法制史）の助言によって第三八回例会よりはテープに録音することとした。その作業は大学院生だった川北靖之氏（現京都産業大学教授）と島善高氏（現早稲田大学教授）とが担当され、その後、この録音テープは下村效氏（故國學院大學栃木短大教授）の手によって整理され、現在は筆者の研究室に保管してある。職員令左京職条から最終講義（第九二回例会）の戸令官奴婢条までの八十五本のテープが存する。

瀧川博士の講義は、昭和五十四年一月、第九二回例会をもって終了する。発足以来満十年が経過し、この時すでに瀧川博士は八十三歳、坂本博士は七十九歳の高齢に達していた。そこで、「令集解」の逐条解釈については小林宏氏が担当することとなり、瀧川博士が大所高所から補足の講釈をするというスタイルとなった。これが昭和五十六年一月の第一〇九回例会まで続いたが、両博士を講師とする律令研究会はこれをもって終了した。同年六月、小林宏氏を中心とする新生の律令研究会が再開される。しかし、この第二期の律令研究会については後日に譲るとして、瀧川博士が組織された全国規模の律令研究会について附言しておく。

昭和四十七年、瀧川博士は本研究会を足がかりとして、全国の律令学者を糾合して〝律令研究会〟を結成したのである。それは『譯註日本律令』と名づけた律令全篇の注釈書を刊行するという大事業を実現するためである。律の監修者として森鹿三博士（京都大学人文科学研究所元所長）、令の監修者として坂本博士、ご自身は総監修として全体を見渡すことにしたのである。この事業の手初めとして、日本律のテキストを作成することになった。日本の律は三分の一程度が伝存するばかりなので、諸書からできるだけ多数の逸文をひろい集めて日本律を復原しようというのである。これを担当したのが小林氏と嵐義人氏（現文部科学省教科書調査官）であり、その指導の下、日本文化研究所の律令研究会に参加していた本学大学院生、卒業生が執筆に加わり、筆者もこれに加えていただいた。その成果は昭和五十年、『譯註日本律令』二・三巻（律本文篇上下巻）として東京堂出版より刊行された。今日、律を引用する場合、本書の利用されることが多い。また、本研究所編『日本律復原の研究』（昭和五十九年、国書刊行会）は、この仕事を契機としてなされた日本律復原の論考を集成したものである。

『譯註日本律令』の事業は、企画者、監修者が共に亡き今日、瀧川博士の高弟島田正郎（元明治大学総長）、小林宏の両氏にうけつがれて続いており、本年中に第十一巻の『令義解譯註篇別冊』（水本浩典氏編）の刊行をもって完結しようとしている。研究会発足以来二十六年、この事業の評価はいずれ定まると思うが、学問とは息の長いことである。

〔原載―國學院大學日本文化研究所報二〇四号、平成十年九月〕

律令研究会第二百回記念講演会

去る〔平成四年〕十月十七日(土)、律令研究会は、第二百回例会を記念して、「瀧川政次郎先生を偲んで」と題する講演会を本学〔國學院大學〕常磐松二号館第一会議室において開催した。日本文化研究所主催の律令研究会は、昭和四十四年一月に例会の第一回を開いて以来、二十三年目にして第二百回を迎えた。ところが残念なことに、発足以来十年間の長きにわたって講師を勤められた瀧川政次郎先生が本年一月二十九日、九十四歳の天寿をまっとうされた。そこで第二百回記念例会では島善高・下村效両氏に瀧川先生にかかわる講演をお願いした。

当日は九州や名古屋方面から駆けつけた参加者もおられ、なかなかの盛会であった。講演会終了後ささやかな懇親の宴がもうけられた。左に主催者の挨拶と講演の要旨を掲載する。

挨拶

小林宏

本日、律令研究会は第二百回例会を迎えることになりました。これも研究会発足以来、長く講師をつとめて下さいました瀧川政次郎、坂本太郎両先生を始め皆様方の御尽力の賜と深く感謝いたしております。しかしながら、まことに残念なことに瀧川先生は今年一月二十九日に他界され、坂本先生はすでに昭和六十二年二月十六日に故人となられました。今ではこの会の発足当時のことについて知っている方々も数少くなりました。従いまして、この機会に往事を回顧して若干申し述べさせて頂きたいと存じます。

本学が創立以来、古代法制とくに律令学と深い関わりをもっていることは今更申し上げるまでもないことで御座います。私も当研究会が第百五十回を迎えました際に、本研究所の所報第一三三号（昭和六十一年十一月二十五日号、本書所収）に一文を掲げ、皇典講究所以来の本学における律令研究と教育について簡単に述べておきました。昭和四十三年の秋、当時本学の理事であられた千家尊宣氏は、律令学の泰斗、瀧川、坂本両先生が幸にも本学におられることに留意され、再び律令学を本学において隆んならしめたいという念願から、そのことを瀧川先生に相談されました。瀧川先生は直ちに千家理事の趣旨に賛同され、それには本研究所において学内外の研究者をあつめて令集解の逐条解釈を行なうのがよかろうといわれ、その講師として自分の他坂本先生にもお願いしたいと申されました。そこで私は瀧川先生の命をうけて坂本先生を大学の研究室に訪ねたのであります。

私は坂本先生に本学における律令研究の必要性と若手研究者の養成の見地から先生の御参加をお願いしたい旨申しました。しかし坂本先生はすぐには了承されず、若手研究者の養成は大学院ですでにやっているからと申されました。私はここで引き退っては全く子供の使いということになりますから、このことは瀧川先生の強い御意向でもあり、是非とも先生に御出馬をお願いしたいとなおも執拗に申しました処、それでは考えておくというような御返事で御座いました。それから私は瀧川先生のお宅に参り、右の事情を逐一御報告いたし、先生からも直接、坂本先生にお願いして頂くよう頼みました。先生はすぐに坂本先生に御連絡なさったものと見えて、その後、坂本先生から御承諾の御返事を頂くことができました。

第一回の研究会は昭和四十四年一月二十五日、午後三時から常磐松二号館三階小会議室で行なわれ、当日の出席者は両先生の他、二十三名でありました。その頃の参加者には西田長男、安津素彦、平井直房、上田賢治、森田康之助、藤井貞文、高藤昇、渡辺直彦、二木謙一、千家尊宣といった神道学、歴史学専攻の方々が多かったようであり、学外からも著名人が多く見えました。当時、研究所から両先生にお渡しする講師の手当などは、まことに僅かなものので、各先生宛一回に二千円で御座いました。私が「講師謝礼」と書かれた紙袋を瀧川先生のお宅に届けますと、先生は早速封を切られて、これ位の金額ならば「謝礼」などと書くべきではない、「御車代」と書くものだとお叱りをうけました。以後、研究所の事務室に頼んで「謝礼」とは書かずに、「御車代」としてもらった思い出があります。しかしその後、両先生から手当の金額等について、とやかく申されることなど一切ありませんでした。これは両先生が当研究会を全く律令研究、学問研究の為と考えておられたからであります。

昭和四十七年四月、本学法学部に久保正幡先生をお迎えした際、先生を律令研究会にも御案内した処、先生から瀧川、坂本両先生の講義は是非ともテープにとって保存するようにという強いお勧めがありました。それで当時院生であった川北靖之氏（現京都産業大学教授）に、川北氏の後は島善高氏（現早稲田大学教授）に頼んで両先生の講義をテープに収め、その整理、保管にも当って頂きました。本日、両先生の肉声をテープを通しておききすることができるのも、それらの方々のお陰と存じます。

本日研究会の第二百回を迎えるに際しまして、両先生の学徳を偲び、学恩に感謝するという意味をこめて、この行事を企画いたしました。今後とも研究発展の為、皆様方の御力添を賜わりますようお願い申し上げまして、私の挨拶といたします。

諧謔家としての瀧川政次郎先生

島　善　高

瀧川先生がお亡くなりになって早や十ヶ月が過ぎました。この間、古代学協会の角田文衛先生のご尽力により『古代文化』十一月号が瀧川先生の追悼号に充てられることになりまして、まもなく刊行される予定です。私も「晩年の瀧川政次郎先生」と題する一文を載せて戴くことになっています。これとは別に、小林宏先生も『法制史研究』や『日本歴史』に追悼文をお寄せになっているとのことですので、瀧川先生のお人柄や業績の詳細についてはそれらをお読み戴きたいと存じます。

私が瀧川先生のお側近くに仕えるようになったのは昭和五十一年三月でありまして、先生は既に八十歳を越えておられましたから、私は最晩年の先生しか存じ上げません。従って、私は先生の御一生や膨大な御業績に通暁しているわけでもありませんので、ことさら何か先生について語るなどという資格も能力もございません。そのような私に、小林先生から特にご下命がありましたのは、多分、私が瀧川先生に十年間仕え、その関係で、先生のご日常について比較的よく知っており、先生に関して何か耳新しいことを知っているのではないかとお考えになったからであろうと存じます。

そこで、何か皆様にご披露申し上げることがあるか、いろいろ思い出の糸をたどってみましたが、先生の晩年のご日常については先の『古代文化』に蕪文を載せましたので、本日は重複を避けて、諧謔家としての瀧川先生について若干お話ししてみたいと存じます。皆様ご承知のように先生は実に話題の豊富な方、ユーモアのある方で、しかもその話題が誠に時宜を得て提供され、小気味良いものでありました。たとえば、私が三十歳になったのを祝ってご馳走をして下さったことがありますが、ビールを飲み干すや否や、先生は「二十九の冬まで孔子ゐざりかな」「二十九の冬まで孔子萎えてゐる」と言って私を冷やかされるなど、到底八十を過ぎた老人とは思えないほど機智に富んでおられました。

先生は年に何度も旅行をなさいまして、私も鞄持ちとしてたびたびお供をしましたけれども、行く先々でいろいろな話をしてくださいました。新幹線で九州方面に出かけますと、関ヶ原を過ぎて左手に三上山が見えます。そこで先生は決まって「島君、あそこには昔大きな百足が棲んでいてね、それを俵藤太が退治した。どうしてやっつけたか知っているか。それは百足が七巻き半の長さしかなかったのに、俵藤太は鉢巻をしていたからだ」と言われました。俵藤太は言うまでもなく藤原秀郷のことです。

そうこうするうちに近江に入りますと、近江八景のことを話されます。有名な比良の暮雪、矢橋の帰帆、石山の秋月、瀬田の夕照、三井の晩鐘、堅田の落雁、粟津の晴嵐、唐崎の夜雨の八景勝です。そして今度は、これらを十七字で詠めるかと聞かれ、誰の句かは知りませんが、「七景を夕闇で消す三井の鐘」という句を教えて下さいました。更に京都駅を過ぎて左手に八幡山、右手に天王山が見えるや、「ほととぎす、八幡山崎鳴き交わす、声の中行く淀の川舟」と歌われる。岡山から広島を通る頃には「備後より琉球へ通う若旦那」という川柳を詠まれました。備後とは備後表の畳のことで、これは上等の畳であります。それに対して琉球の畳は縁がない。縁のない畳は女中部屋に敷いてあるというのです。つまり若旦那が、よなよな女中部屋に通うことを詠んだものです。そして関西方面から東京に戻る途中、沼津あたりを通ると、「ヌマヅ食わずで沼津まで来たね」と駄洒落を言われました。

先生は季節に応じた話も得意でありまして、年中行事の由来はもとより、その時々に実に絶妙な話をされました。そのうち一二を紹介しますと、彼岸に先生宅でぼた餅を戴いていると、ぼた餅が春の牡丹に由来し、おはぎが秋の萩に由来するという誰でも知っていることを話されますが、「そんなことぐらいは私も知っていますよ」という顔をしていると、「それでは夏や冬にはどういうか知っているか」と突っ込まれます。そして夏には「白川夜船」、冬には「北の窓」というのだと教えられるわけです。白川夜船というのは、どこに着いたか知らない、つまり着不知、北の窓は月が見えない、つまり月不知だというふうに、愉快そうに話されます。

五月になって夕食に鰹をご馳走になっていると、「目には青葉、山ほととぎす」云々の有名な句から口火を切られて、一転、暫く英一蝶の話をなさいます。鰹にどうつながるかと楽しみに聞いておりますと、三宅島に流謫された一蝶が、「初鰹、からしがのうて目に涙」なる句を詠んだこと、そしてこれは「初鰹からしがきいて目に涙」なる句をもじったものであること、「きいて」を「のうて」としたところに一蝶の才があり、流謫中の乏しい生活がよく詠まれていることなど、実に要領よく話されました。

ところで、先生は院友会館の依頼などでしばしば揮毫をなさいました。普通は「恪勤匪懈者為一善」とか「公平可称者為一善」という考課令の一文を書かれるのですが、三月になると戯れに「不苦者迂智、遠仁者疎途」とか「鶯鳴広野寒更至」と書かれることがありました。また十二月の寒い頃には、「一翻虎龍知唐書、親々若得南山寿、不避山砂至林泉、矢張奔馬酔淮南」と書かれることもありました。まだ独身であった私は、思わず赤面したことを覚えております。

こうして瀧川先生の思い出を語っていますと、今にも先生がニコニコして「島君、馬の種付けのような話はしちゃいかんよ」と仰去りながら、すぐそこから出てこられるような気がいたします。

先生は法制史や経済史のみならず、芸能にも通じられ、更には酒がお好きで食通でもありました。しかも、人間味あふれる方であって、実に幅の広い方でありました。従いまして、先生の人となりや業績を語る場合には、そのような先生の全体像を捉えるようにしないといけない、つまり全人格的に総合的に評価することが必要かと存じます。そのような微意を込めて、本日、敢えて以上のような話をさせていただいた次第です。ご清聴ありがとうございました。

瀧川政次郎先生と律令研究会

下村　效

瀧川先生は逸話の多い方だが、その中でも、二人のお嬢さんに、律子・令子と名付けられたと言うのはまさに逸品であろう。

これを話すと学生は喜ぶが、残念ながら、これは誤伝で令子・格子というのが正しい。当時、森律子という女優がいたので、律子は避けられたというのが真相である。

そして、「ここに居られる坂本さんは日本一の学者、この私は世界一の学者」と言われたという話もある。確か坂本先生が文化功労者になられた時、それに近いことは言われたが、こうはっきりとではなかったと憶えている。

また、散髪中、柳田国男の訃報をラジオで聞いた先生は、「偉い学者を失った。後に残るのは瀧川政次郎ぐらいだ」と店主に慨嘆してみせたという。昭和三十七年、先生六十四、五歳の頃である。念の為、これは律令研究会で先生自身が洩らされた話である。

なお、先生の弟子になると、「瀧川政次郎先生学僕」と名刺に肩書きすることが許される者もいたと聞いている。

どの話も瀧川先生の面目躍如たるものがあるが、もっと面白いのが後の会で披露されることを期待している。

とにかく、先生は人も知る博学であって、坂本先生の端麗な令集解の音読に加えられた講釈は、高等自在、古今東西、王侯宮廷の世界から下世話の人情話に亙って、聞く者を飽きさせなかった。

中国人の美食ぶりでは、豚を棒で叩き、出来た瘤を即座に切り取って、テンプラに揚げるとか、算盤は「弾く」とはいわず、「置く」というのは算木を置いたことに由来するとかは、令集解に無関係に妙に記憶に残っている。

私の専門領域でも、竹越与三郎『日本経済史』英訳序文が検地帳を、Water Book of Villege としていることなど、学生向きに取って置きの挿話として戴いている。

このように、初期の律令研究会出席者は、瀧川先生の令集解講釈を、自分の興味に引き付けて聞く向きがあったと思うが、先生は御自身の壮大な日本法制史の史料、少なくともそれを彩るものとして、その該博な知識を長年に亙って蓄積されたのであった。だから、「法制史は法規の歴史ではなく、人の法律生活の歴史である」と言われているのである。

こうして、瀧川先生には博覧強記、牽引博捜という面が強調されるが、先生は法学者であり法実務の経歴もあったから、極めて体系的・論理的思考の持ち主であった。旧高文司法科の口頭試問で植木鉢を示され、植木鉢と答えたら落第、動産が正解という話など、法学概念の形式・抽象化の妙例とされてのことであったに違いない。従って、律令についても、片言半句を忽せにしないとともに、日中、大宝・養老、律・令、そして各条の相互関係・全体構造を恰も掌中にあるかのように説かれたのであり、ただの博識ではなかった。

そして、女性史で著名の高群逸枝が解釈に苦慮していた万葉集に見える密通事件を、これは姦罪での処罰ではなく、違勅罪によると断じるなど、総じて瀧川先生の考証・論定は簡勁、かつ明快、論文はみなかくありたいと思う。

ところで、本学の最終講義で瀧川先生は、学問を志す者は謙虚でなければならないと強調されたとのこと、これは冒頭に述べた先生の逸話とは聊か違和を感ずる。しかし、実はそうではないのだと思う。

先程の島さんのお話に、先生は何処に行っても、人によく質問されたというが、自信があるから謙虚に人に聞けたのであろう。

また、学問は八十点でよい、ともいわれているが、学問は一人では果たし得ぬものであるから、後人に委ねるという意味だろう。

そういえば、金田一京助先生を語られた時、金田一さんは真に温和な人で、何をいっても「そうですか、そうですか」と聞いているが、こと国語のことになると「それは瀧川先生、違います」と一歩も譲らなかったと敬服の意を表されていたことがある。

確かに先生の学者としての自負には余人の追従を許さない勢いがあったが、それだけに、学問の厳しさ、深さには常に畏敬の念を抱かれていたことも確かであろう。

この点、一見、矛盾するような瀧川先生の自負と謙虚は、実は一事の表裏であったと思うのである。

〔原載―國學院大學日本文化研究所報一六九号、平成四年十一月〕

北京に於ける瀧川政次郎博士

島　善高

律令研究会の主宰者であった瀧川先生が亡くなられて、はや四年になる。この間、先生の旧居も取り壊され、先生を知る人も次第に少なくなってきた。晩年の先生に十年あまり接していた私は、何とか先生の足跡を記録に残しておきたいと一念発起、一昨年と昨年の二回、中国・北京に赴いて、北京時代の先生の事績を調べてきた。その一端は拙稿「国立新民学院初探」(『早稲田人文自然科学研究』第五十二号、平成九年)に記載したけれども、その後、新たに若干の知見が得られたのでこの場を借りてそれを紹介しておくことにしたい。

※　※

昭和九年十二月以降、満洲で生活をされていた先生は、昭和十二年(康徳四年)二月、隣家より発した火によって住居が全焼し、蔵書もすべて灰燼に帰してしまった。しかしこの災厄は却って先生に幸福を齎した。同情は翕然として先生に蒐まり、先生は満洲国官吏を休職にして二年間北京に滞在して書物の購入に当たることを許された。先生は喜び勇んで同年八月北京に赴き、外務省嘱託として久しく北京に在住せられる橋川時雄氏の世話で、東城区後趙家楼に居を構え、書物の蒐集に当ることになった。丁度その頃、中華民国の首都南京は日本軍に攻略せられ、十二月、北京に王克敏を首班とする中華民国臨時政府が設立せられた。この臨時政府では、その官吏を養成する学校（国立新民学院）を設立することとなり、先生はその創立に深く関与し、橋川氏とともにその講師にも聘せられ、同時に北支駐屯軍司令部の嘱託を命ぜられた。これ臨時政府も、また新民学院も日本軍の肝いりで出来たものであるからである（詳細は拙稿「国立新民学院初探」参照）。

当時は日本軍の勢いの最も盛んな時であったから、先生は時の人として権勢を得、自家用車に乗って北京の町中を闊歩した。そのうちに司法省も北京に出張所を設けることとなり、先生はその嘱託も兼ねたから、先生は北京の要人となり、臨時政府司法部長董康氏とも親しく交わって、清朝時代の法制史に通ずるに至った。また先生はこの期間に橋川氏および新たに新民学院の講師として来燕せられた三枝茂智氏と共に、包頭に旅行して徳王にも会見した。また漢籍の蒐集家として有名な大木幹一氏も北京に在住しておられたので、先生は大木氏と競争で中国の法制史料を集められたが、その中心は、浅井虎夫著『支那ニ於ケル法典編纂ノ沿革』にもその書名が見えない清朝時代の則例類の蒐集に置かれていたという。先生は義兄石本憲治氏が満鉄の重役をしていた関係でその嘱託となり、かなりの嘱託料を貰い、それを蒐集の費用に当てて精力的に書物を買い求め、後に「泉石書屋」と名づけてそれらを所蔵されていたが、敗戦時にすべてソ連軍に没収されたという（河野昭昌「元満州国官吏・建国大学教授、瀧川政次郎氏に聞く」『漁夫之利』第四号参照）。

ところで先生は、北京滞在中に「瀧川法律研究所」なるものを作られ、『日文新民六法全書』（昭和十四年六月、新民印書館発行、日本発売元は平凡社、定価一円八十銭）を出版されている。昭和十三年の九月の奥付のある序言には、「昨年十二月、北支に於いては中華民国維新政府設立せられ、防共、新民の旗幟の下に、此の広大なる占領地区の民生を寧んずることとなれり。臨時・維新両政府の成立してよりこのかた、両政府の制定公布せる法令其の数尠からずと雖も、万般の法令一時に之を改廃し能はざるを以て、両政府は倶に旧法令暫行援用令を発布し、国民政府制定の旧法令と雖も、両政府宣言の趣旨に悖らざるものは、暫く之を援用すべきことと令せり。（中略）臨時・維新両政府制定公布の法令は、夫々其の政府公報に発表せらるるも、未だ法令彙集の編纂なきを以て、坊間の実業家及び法律実務家が之を見ること容易のわざにあらず。されば（中略）北中支の開発に従事せんとする日本人並びに之と協力せんとする支那人の活動を敏活ならしめ、数万の生霊を犠牲とせる聖戦の効果を収むる上に、必要缺くべからざる事業にして」云々と発刊の目的が記されている。

ただ、「現行法として援用さるべき旧法規と援用されざる旧法規との判定」は、「元来臨時・維新両政府が公権的に之を行ふべきものなれども、両政府は成立以来日尚浅く、未だ旧法規の全部に対して判定を行ふ能はざるを以て」、本書では「私権的に有効無効の判定を行ひ」、本全部が有効でなくても一部分が有効と認められる法規はすべて採用されている。かくして本書には百八十六種類の法規が組織法、法院組織法、民法、商法、民事訴訟法、刑法、産業法、税法、渉外法規、条約、蒙疆法規の十一の部門に分けられて収録されているが、そのうち九十六種は「瀧川法律研究所」の新訳であり、その他は満州国司法部訳、日本外務省訳、日本司法省訳、満鉄調査部訳、中華民国法制研究会訳を使用したという。

さて本書の序言にしばしば述べられている「瀧川法律研究所」とは一体、どのようなものであったのだろうか。本書序言には『日文新民六法全書』の編纂事業に当っては、新民会中央指導部員川村宗嗣、寺内部隊特務部員竹田熙の両氏が翻訳事業を監修し、北京私立財政商業専科学校教授韓枕川、国立女子師範学校教授蕭坤裕、教育部編纂会編纂員江人俊、国立師範学院助教王緒知、国立新民学院助教宋澗松、同韓宗椅、新民会中央指導部員胥国瑞の諸氏が直接に翻訳に従事し、また日満支三国法対照条文の記入には臨時政府顧問補佐官樺島千春、新民学院教授鶴岡徹一、満鉄社員平井庄壱、同真鍋藤治の諸氏の協力を仰ぎ、日支関係主要条約の選択には新民学院教授瀬川次郎、蒙彊の法規収集には満鉄鉄道総局員福島三好、蒙彊連合委員会最高顧問金井章次、同会顧問野田清武、同会事務官木村裕次郎の諸氏の援助を受け、更に維新政府の法規収集には満鉄上海事務所員瀧野正福氏の、司法省の材料収集には東京控訴院判事飯塚敏夫氏の助力を得、原稿の整理及び校正には満鉄調査部員伊藤源蔵、瀧川法律研究所員小川久雄の両氏が当られたと述べられている。

これによれば「瀧川法律研究所」の所員は小川氏一人で、他はいずれも他機関に職を得られている方々のようであるから、研究所と言っても、その規模はごく小さなものであったと思われる。けれども、北京滞在わずか一年ほどでこのような研究所を作り、また右のような大勢の人々を糾合して翻訳事業を実現せられた先生の行動力には、驚嘆せざるを得ない。しかも同じ年に同じ新民印書館から、『臨時・維新両政府法令輯覧』(未見)なる別の書物をも出版されているというから、その精力にはただただ呆れるばかりである。

(平成十年四月十一日稿)

〔原載―國學院大學日本文化研究所報二〇二号、平成十年五月〕

『譯註日本律令』の終結に際して

小林　宏

律令研究会編『譯註日本律令』のシリーズは、平成十一年六月刊行の『令義解譯註篇 別冊』をもって終結することとなった。今迄に刊行されたその内容は、『首巻』一冊、『律本文篇』二冊、『律本文篇 別冊』一冊、『唐律疏議譯註篇』四冊、『令義解譯註篇』二冊、『令義解譯註篇 別冊』一冊の計十一冊である。

『律』(『唐律疏議』)の訳註は、当初の予定通り、一応その完成をみたが、『令』(『令義解』)の訳註は、官位令、職員令、後宮職員令、東宮職員令、家令職員令までであって、神祇令以下は未完のままに終わった。本叢書刊行に携わった一人として、執筆者の方々に深謝の意を表すると共に、『令』の部の未完はまことに残念であり、関係者各位、並びにその刊行を期待された方々に先ずお詫びを申し上げなければならない。本叢書刊行の終結に当り、この事業の一端を回顧して、その意義を問うことは、当初よりの関係者の多くがすでに物故されている現在、無益なことではなかろう。

昭和四十三年十二月、國學院大學日本文化研究所において律令研究会が結成され、同四十四年一月から原則として毎月一回、瀧川政次郎、坂本太郎の両先生を講師として『令集解』の講読会が開かれた。この講読会は学内からの参加者を主とするものであったが、やがて昭和四十六年頃、この研究会を全国的規模に及ぼし、日本律令の精細な逐条解釈を行う計画が瀧川先生のもとで立案された。

しかし、日本律令の訳註に関する計画は、当初からあったものではなく、実は角田文衞博士が律令の全条文を容易に検索できる、いわゆる『律令六法』というような簡便な書物はつくれないかということを瀧川先生に提案されたのに対し、先生がそれに示唆を得て、それならばむしろ律令の全条文の訳註を試みた方が学界の為に有益であるとして出発したものである。また東京堂出版を紹介されたのも角田博士であった。瀧川先生はこの計画を直ちに坂本太郎、森鹿三の両先生に相談されて、それぞれ『令』の監修、『律』の監修を依頼され、その承諾を得た上で、執筆者の人選に入られた。この事業はその後、坂本先生を代表者として『日本律令の研究』と題して、昭和四十七・四十八年両度の文部省科学研究費の交付を受け、私がその事務局をつとめた。

『律』の訳註については、当初から若干問題があった。それは、この叢書の総称が『譯註日本律令』であって、『律』は日本律の訳註でなければならない筈であった。そのことを主張されたのは、瀧川、坂本両先生であった。しかし森先生は、日本律の伝存状況は全体の約四分の一程度であって、あとは亡失して逸文を遺すのみである。それにくらべて、日本律の母法である唐の律疏は『唐律疏議』という形で、ほぼ完全に現存している。従って本叢書の名称は『譯註日本律令』ではあるが、『唐律疏議』の訳註をもって、それに代えるべきであると主張された。結局、森先生の案で『律』の訳註は出発することになったが、森先生が日本律の訳註を全く考慮されていなかったかといえば、決してそうではない。唐の律疏とそれを継受した日本律とは、その基本においてそれほど大きな相違はなく、日本律の訳註にとって唐の律疏の訳註は大いに参考となる筈であり、両者間で異なる部分は別に『律研究篇』一冊をつくって日唐律の比較研究を行い、必要ならば、そこで日本律の訳註をすればよいというのが森先生の当初のお考えであった。即ち『律』訳註に関する森案は、『唐律疏議』と日本律を上下段に配して対照する『律本文篇』、『唐律疏議』を全文訳註する『律譯註篇』、更に日唐律の比較研究を主とする『律研究篇』の三本立てであったのである。尤もこの『律研究篇』も、結局未完に終ったけれども。

かくして昭和五十年に『律本文篇』上下巻、五十一年にその『別冊』、五十三年に『首巻』、五十四年に『唐律疏議譯註篇一』の計五冊が相ついで刊行された。しかし、その後の訳註の刊行は必ずしも順調ではなかった。その主たる原因は昭和五十五年八月に森先生が、ついで同六十二年二月に坂本先生が共に亡くなられたことにある。その頃、漸く高齢の域に達せられた瀧川先生にとって、杖とも柱とも頼む両先生に先立たれたことは、まことに痛恨の極みであったと推察される。とりわけ森先生は実務的能力のある方で、本研究会の事業のよき理解者であり、蔭の推進者であったから、研究会の活動が漸く軌道に乗り始めていた矢先、先生を失ったことは事業進捗の上で大きな打撃であった。

森、坂本両先生亡きあと、その任を引き受けられたのは島田正郎先生である。島田先生は、本研究会の訳註の刊行は、とりあえず『令』よりも『律』の完成を優先することとし、『唐律疏議』訳註の執筆者の陣容も、大幅に建て直す方針を定められた。『令』の訳註よりも『律』の訳註を優先するとされたのは、昭和五十一年十二月に岩波書店から井上光貞博士他編の日本思想大系『律令』（以下、岩波『律令』と略称）が刊行され、『律』については、既存部分のみの訳註であったが、『令』については全条にわたる詳細な訳註がすでに完成していたからである。瀧川先生は依然、『令』全条の逐条註釈の計画案を主張されていたが、晩年の森先生は、官位令と職員令とは、『令』の根幹であり、いわば『令』の総論の部分に当るから、場合によっては、その訳註をもって『令』の訳註を終了してもよいという考えを抱いておられた。島田先生は、この森先生の遺志を継がれて、当面、『唐律疏議』の訳註に全力を注がれることになったのである。

『令』に関しては、坂本太郎、角田文衞、本田安次の三先生の職員令に関する訳註の原稿は、早くから完成しており、瀧川先生のもとに届けられていた。それは岩波『律令』の刊行される以前のことである。しかし瀧川先生の執筆予定の官位令と職員令の陰陽寮条、官奴司条等の訳註は、大幅に遅れていた。そこで先生が御高齢であることに鑑み、私が先生のお許しを得て、高塩博、島善高両氏の協力の下に、先生御担当の職員令の陰陽寮条、官奴司条等の訳註については、先生の著書・論文から然るべき個所を引用して掲載することとし、それを坂本、角田、本田三先生の原稿に挿入して『令義解譯註篇二』を平成元年四月に刊行した。また恐らく書き直しを予定されて、長く先生の篋底に眠っていたと思われる官位令訳註の草稿を整理して『令義解譯註篇一』とし、それを平成三年十月に刊行した。

以上が本叢書刊行のあらましであるが、前述した本叢書の総称が『譯註日本律令』でありながら、『唐律疏議』の訳註をもって日本律の訳註に代えた点について、一言私見を述べておきたい。日本律令の解釈・適用に関して、一般に唐の律令は日本律令の補充法としての機能を有しているが、とりわけ唐の律疏には、その性格が顕著である。その意味で唐の律疏は、王朝の明法家にとって「本朝法家文書」の一つと考えられていたのではないかというのが私の考えである（小林宏・高塩博稿「律集解と唐律疏議」、「律疏考」〔共に國學院大學日本文化研究所編『日本律復原の研究』所収、東京、昭和五十九年〕、拙稿「日本律の枘鑿」〔『古代文化』第五一巻第二号掲載、京都、平成十一年〕等参照）。もしそうであるとするならば、唐の律疏は、まさしく日本の法でもあったことになり、『譯註日本律令』の名において『唐律疏議』を訳註することも、あながち不当とはいえないと思われる。

さて、岩波『律令』と本叢書とは、それぞれその訳註の方法に特色があるが、前者が日本令の訳註は完備して日本律の亡失した部分の訳註がなく、逆に本叢書が『律』の訳註は完備して神祇令以下の訳註に欠けることからすれば、この面からしても両者相俟って、今後の律令研究の基礎的文献とすることができよう。なお個々の律令条文の訳註だけでなく、本叢書『別冊』に収められた『律』『令義解』『令集解』等の諸本の影印や『首巻』の「令義解序」「上令義解表」「進律疏表」「名例律篇目疏議」等の訳註も、今後十分に活用されて、現代に生きる視点から律令法典の有する法的性質やその法思想が解明され、更に律令研究が深化されることになるならば、本叢書の生みの親である瀧川先生を始めとして、訳註の労にいたずかれた方々の喜び、これに過ぎるものはないであろう。

〔原載―古代文化五三巻二号、平成十三年二月〕

Ⅱ部

新説を出すことにあせらぬこと

坂本太郎

本居宣長の玉勝間を読むと、突然ハッと驚くようなことにぶつかる。何べんも読んでいることであるが、その時のこちらの心理によって、きわめて新鮮な印象として胸をうたれるのである。

先日も一の巻の「あらたなる説を出す事」という一条を読んで、今の世の人のことを言っているのではないかと、思わず吹出した。

ちかき世、学問の道ひらけて、大かた万のとりまかなひ、さとくかしこくなりぬるから、とりどりにあらたなる説を出す人おほく、其説よろしければ、世にもてはやさるゝによりて、なべての学者、いまだよくもとゝのはぬほどより、われおとらじと、よにことなるめづらしき説を出して、人の耳をおどろかすこと、今のよのならひ也、其中には、ずゐぶむによろしきことも、まれにはいでくめれど、大かたいまだしき学者の、心はやりていひ出ることは、たゞ人にまさらむ勝むの心にて、かろがろしく、まへしりへをもよくも考へ合さず、思ひよれるまゝにうち出る故に、多くはなか〳〵なるいみじきひがごとのみ也、すべて新なる説を出すは、いと大事也、

これは近頃の一部の学者に対する痛烈な批判である。何でも新説を出さなければ論文として注意されないというので、「心はやりていひ出ること」のいかに多いことか。ことに古代史学界では、推理小説と学問とをつきまぜたようなものが新学説としてもてはやされる。法隆寺怨霊寺説などはその代表的なものであるが、それらの人には、宣長の「すべて新なる説を出すはいと大事也」の一文をささげずにはいられない。

ところで、宣長は二の巻の「あらたにいひ出たる説はとみに人のうけひかぬ事」という、右に述べたこととは逆のようなことを言っている。

大かたよのつねにことなる、新しき説をおこすときには、よきあしきをいはず、まず一わたりは世中の学者ににくまれそしらるゝものなり、あるはおのがもとよりより来つる説と、いたく異なるを聞ては、よきあしきを味ひ考ふるまでもなく、始めよりひたぶるにすてゝ、とりあげざる者もあり、あるは心のうちには、げにと思ふふしもおほくある物から、さすがに近き人のことにしたがはむことのねたくて、よしともあしともいはで、

たゞうけぬかほして過すたぐひもあり、あるはねたむ心のすゝめるは、心にはよしと思ひながら、其中の疵をあながちにもとめ出て、すべてをいひけたむとかまふる者も有、これもまた今日の学界の通弊を手痛く非難したものである。前に述べたことと全く矛盾するようなことを言っていることになるが、矛盾するような状況が実際に存在するのだから仕方がない。前者は主として若い勢いのいい人へのさとし、後者は年とって頑固になった人への教えと見れば、いずれも今もみずみずしい力をもっている。学界というか、学者の心理というか、二百年前も今も少しもかわりはないのである。

宣長は新説を出すことについての、二つのちがった学者の心構えを教えたが、それは結局新説を出すことにこだわってはならないということである。血気にはやる若い人が、自分の発明した新説を一刻も早く世に知らせて、自己の存在を認めさせたいと思うのは、まことに無理からぬことである。そのために、冷静な立場から見ては、どうしても結びつきそうもない幾つかの事実を結びつけたり、今日の知識人の立場でしか思い至らないような発想法で古代人の心理を解釈したりして、新説をうち立てる。意気は壮とするに足りるが、学問の進歩に貢献しないばかりか、それを毒する結果にもなる。学者は私心をすてて、真に心を学問の発展に役立つようなことにつくすべきである。

いうまでもなく、学問には大向うをうならすような、花やかなことが、そうやすやすと生まれるものではない。こまかい事実の探究や、思想の練磨を積み重ねた上にこそ、堅固な学問は構築される。それは、じみな目立たぬ仕事である。けれども学界に身を投じた以上、それは覚悟の上のこととしなければならぬ。

そういうこまかい事実の一例として、古典の解読の問題がある。古典の解読は、古来多くの学者によって数限りなくせられているが、今日にも問題は残っている。あるいはあまりにも諸説があって、適従する所に苦しむというのが本当かもしれない。その中で本当の説がどこにあるかを見つけることも、りっぱな学問の礎えを築く仕事である。

いま、その一例を示そう。この所、私は瀧川政次郎博士の委嘱をうけて、令の注釈をしているが、職員令の初めから問題があって、わからないことが多い。神祇伯の職掌に「祝部」という一項がある。義解に「為祭主賛辞者也」と、その職掌を説明する。この義解の文はどう読むのが正しいか。これまでに少くとも四通りの読み方が示されている。

それを整理すると、主の字を祭に続けて祭主という名詞に読む説と、下につけて、賛辞を主《つかさ》どると動詞に読む説とに大別される。そしてその各々にまた二通りの読み方がある。

祭主とする場合、「祭主のために賛辞するものなり」と読むのは、田辺勝哉の職員令義解講義であり、「祭主となりて賛辞するものなり」と読むのは会田範治の注解養老令である。賛辞を主どると読む場合、「祭りのために賛辞を主どるものなり」と読むのは、近藤芳樹の標注令義解校本であり、「祭りをなし賛辞を主どるものなり」と読むのは、薗田守良の新釈令義解である。

賛辞は祝詞のことだから、祝の職掌が祝詞を申すことにあることは、全部一致しているが、それがどういう資格か、どういう場合かを説明している辞句の読み方がきまらないのである。祭主という職はのちに伊勢神宮にできたが、これはこの場合関係はない。また斎主という語は日本書紀にあって、神武天皇即位前紀に見えるが、それを祭主と同じと見てよいかどうか問題があろう。いずれにしても祭主のためにというのは、祭主に代ってということになろうから、神祇伯または天皇に代ってということになるが、そういう重味がこの文句に付せられているようには思われぬ。祭主となりてといえば、自分が祭りの主体となることだが、それでは少し思い上った感じがする。

私はそこで祭主説をすてて、祭りをなしとか、祭りのためとか読む方がよいという説に傾く。それは、一つにはこの文の出典である漢書郊祀志の顔師古の注に「祝主二祭之賛詞一者」とあり、説文も「祝祭主二賛詞一者」と、いずれも賛詞を主どると読んでいるからである。義解は恐らくはこれらの漢籍の知識によって書いたのであろうから、撰者の意は、賛辞を主どるであったろうと推してよかろうと思うのである。

祭りのためには、祭りのさいにというくらいの意義に解するとよいと思うが、祭りをなしは、少し祝に重荷を負わせすぎた解釈のようにも思われる。私は今のところ前説により「祭りのために賛辞を主どるものなり」と読むが、もちろん固執するつもりはない。

以上は私の当面している問題の一つの例であるが、古典の解読にはこういうむずかしいことがたくさんある。学問はこういうことを一々解明した上で進んで行く。人を驚かすような新説を立てようとあせるよりも、こういうこまかい問題の解釈にこそ、じっくり取組む方がよいと、年よりのくり言を述べるのである。

〔原載―國學院大學日本文化研究所報六四号、昭和四十九年十二月〕

近代化と律令法

小林　宏

昭和五十八年一月、本学〔國学院大學〕創立百周年を記念して、「アジアの近代化と民族文化の発見」と題する本研究所〔國學院大學日本文化研究所〕主催の国際シンポジウムが開かれ、そのセクションBにおいて「伝統文化と近代化」が取り上げられ、主として宗教の分野から討議が行われた。本研究所の今年度の所内研究会は、右のシンポジウムの成果をうけて、更に日本人にとって伝統文化とは何か、近代化の過程でいかなる問題が生じたか、伝統文化と近代化の葛藤など、具体的に討議を重ねることとなった。

右の問題について、法の立場から考えてみるとき、昨年〔昭和五十九年〕四月から六月にかけて、NHK教育テレビの市民大学で放送された三ケ月章氏の「日本人と法」は、極めて示唆に富む講義であったといえよう。氏は初めに近年の比較法学の成果に拠って、人間集団を遊牧を主たる生活手段とするものと、農耕を主たる生活手段とするものとに分け、西欧文化を生み出した基盤は遊牧型の社会であり、ここでは自己の財産と他者との区別は厳格に守られ、個々の財産に対する侵害に対しては、徹底してこれを守るという世界観が生まれ、更に法と権力は屡々相抗争するものとして把えられ、法には権力を統制するという機能が期待されるとする。即ち、西欧法の大原則である「法の支配」という発想は、かかる環境の産物なのである。これに対し、農耕型の社会、東洋にあっては、自然の恩恵によって与えられる収穫物をいかに調和的に受容するかという処に生活の基本があり、従って自然の脅威を防止し、天然の成熟を確保する為に強力な社会統制が必要となり、専制的な権力が発生せざるを得ないという。即ち、ここでは法は権力の国家統治の手段であり、いわゆる公法が法の中核として考えられ、法を自らを守る武器として考え、自己の権利を裁判を通じて闘い取るといった西欧法の思想は生まれないのである。

氏は、右のように西欧の法と東洋の法の性格の違いを類型化して考えた上、日本人は明治維新までは、現在と全く違った法文化の中に生きていたことを指摘し、当時の日本の法と西欧の法との間の落差は、絶望的といってよい程、大きなものであり、それにも拘らず、その落差が僅か百年の間に埋められたことは、世界史にも類例のない驚異的な事象であるとするのである。

確かに日本人が初めて西欧法と出会ったとき、天賦人権や権利義務の観念、或は権力の濫用を防ぐ三権分立の原理等を理解することは、容易なことではなかったであろう。しかし、それにも拘らず僅々百年の間に、西欧法を導入、移植し得て、いわゆる近代化を達成したということは、勿論そこに条約改正という政治的動機が大きく働いたとしても、従来の伝統法のもつ意義を無視しては、到底説明のつかないことであろう。日本の近代化に与えた伝統法の影響を考える場合、筆者にはそのマイナスの面よりも、むしろプラスの面を積極的に評価しなければならないように思われる。即ち、東洋の法と西欧の法とは異質であるというが、同じ人間集団に調和と秩序をもたらす規範としては、互いに通ずるものがあり、殊に律令法は、中国において戦国時代以来、国家制定法として発展を遂げた最も精緻にして体系化された法典であるから、そこでは西欧近代法と類似せる法理に屢々遭遇する。

さて、日本における近代化と伝統法との関わり方をみる場合、さし当り次の三つのことが問題となろう。その第一は、江戸時代の享保期以降において中国法の研究が漸く盛となり、それが幕府諸藩の法制の整備や裁判実務に運用され、殊に儒教的な刑事政策や行刑思想には、近代の西欧流の考えと通ずるものがあり、その意味では、近代化はすでに江戸時代から徐々に行われていたということである。今年度、我々のプロジェクトで取り上げた高瀬喜朴の

『大明律例譯義』は、将軍吉宗の命により中国の明律を平易に和訳したものであるが、その序文に相当する「律大意」には、儒教の古典や中国の史書の一部を引いて、刑政の要点が述べられている。例えば死刑執行に対する慎重な手続の必要、拷問濫用の禁止、裁判の公正と誤判の回避、牢獄の整備と獄吏の規律、病囚・女囚に対する特別な処遇等々である。もとよりそれらは、西欧流の人権というような考えから発したものではなく、天命をうけた君主の仁慈という立場から説かれたものであるが、そのめざす処は、畢竟人道主義ともいえるものであり、かかる刑政にみられる人間性や人間的要素は、やはり近代と相通ずるものがあることを見落してはならない。

その第二は、明治期における西欧法の導入に際しては、単にフランス法やドイツ法が研究されたばかりでなく、同時に我が国の過去の法制もまた盛に研究されたということである。即ち、明治の立法者は西欧法を新しく摂取する場合、我が伝統法の中に、それに最も近似せるものを発見することに努め、一方、我が伝統法を依然維持する場合においても、それに相当するものを西欧法の中に博捜し、その伝統法が西欧諸国にも妥当するかどうか検証するという作業を積極的に行なったのである。このことに関して、筆者はかって、明治期最大の立法家、井上毅の事例を調査し、報告したことがある（「明治皇室典範における皇位継承法の成立

――西欧法受容における律令法の意義に寄せて――」『瀧川政次郎博士米寿記念論集　律令制の諸問題』所収、昭和五十九年、汲古書院）。明治の立法者が西欧法と伝統法との両者を何とか接近せしめ、場合によっては西欧法を伝統法に仮託してまでも移入しようとしたのは、西欧法を我々にとって身近なものとして理解させ、併せてその運用を円滑にし、その定着を図ろうとする試みであったことはいう迄もない。

その第三は、日本が外国法を大規模に移入したのは、明治期が初めてではなく、過去にすでに一度行われていたということである。即ち、七世紀末から八世紀初頭にかけて、我が国は中国法を積極的に継受し、大宝・養老律令という大法典を編纂し、従来の氏族連合国家を天皇中心の隋唐風の中央集権国家に作り変えたのであった。この古代において中国法継受に成功したことは、明治期における西欧法継受に対しても大なる影響を及ぼし、当時の人々に自信と活力を与えたのである。即ち、井上毅が「抑モ我邦ハ往時支那ノ文明ヲ取リ、国民ノ性質ヲ創造セリ。今又欧州ノ文明ヲ取リ、之ヲ改良スルコト難カラス。而シテ幸ニ五十年間ノ平和ヲ保チ、其基礎ヲ堅固ニセハ、遂ニ一大文明ヲ創造シテ社稷ヲ全クシ、独立ヲ存シ、以テ幸福ヲ得ルニ足ルヘシ。」と述べていることを想起すべきである（前掲拙稿）。

我が国が世界史上、たぐい稀な西欧法の受容を短期間で成し遂げたのは、以上の三点が与って力あったからではなかろうか。明治期の法典編纂には、いわゆるお傭い外人に負う処が大であったこと勿論であるが、我が立法者は、決して彼等の起草した法案をそのまま受動的に受け入れたのではなく、そこには両者間で激しい討議が交されたのであり、一方、お傭い外人もまた、我が立法者の識見と熱意とに感じて、献身的に法典編纂事業に参加し、東洋における新しい国作りに寄与したのであった。そのことは、本研究所編の『近代日本法制史料集』(ロエスレル答議)中の一冊をひもとけば、おのずと理解することができよう。

〔原載—國學院大學日本文化研究所報一一六号、昭和六十年九月〕

白鳳仏の一考察

――山田寺仏頭を巡って――

山下重一

私は、大学一年生の時、陸軍二等兵として敗戦に遭い、思いがけず大学に復帰し、世界と日本を揺り動かした政治の力の恐ろしさを痛感して、政治学の研究を志した世代である。私が幾多の苦悩と迂回を経て、近代イギリス政治思想史を専攻するに至ったのは、青年時代の敗戦の体験と、中学生時代以来の歴史への関心が結び付いた結果であったが、私の歴史との取り組みの最初は、旧制高校時代（一九四二－四四年）に日本古代史への切実な関心から『古事記』『日本書紀』『続日本紀』『万葉集』などの古典を耽読し、また奈良・京都の古寺巡礼の旅をしたことであった。今では日本の古典から長らく遠ざかってしまっているが、古寺巡礼の旅は、その後現在まで続き、特に奈良には毎年のように訪れている。この度私の古寺巡礼、特に私が最も愛する白鳳仏について律令研究会で話しをすることを小林、高塩両教授から依頼されたのは全く意外なことであったが、素人談議でよいという御言葉に甘えて、厚かましくも一世一代の古仏論をさせていただくことになった。以下私の報告の要旨を記す。

一九四三年十月、興福寺東金堂の解体修理の際、本尊の台座の中から丈六の金銅仏の頭部が発見されたのは、何人も予想しなかった驚くべきことであったが、現在では、この仏頭は、山田寺創建当時の本尊の頭部であることが確認され、国宝に指定されて、興福寺国宝館に安置されている。私が初めてこの仏頭を拝したのは、敗戦直後に訪れた奈良国立博物館の一室であったが、私は、一見して直ちに『日本書紀』に詳しく記された蘇我倉山田石川麻呂の非業の最後を思い出し、石川麻呂の孫娘に当る持統天皇の悲願がこの金銅仏に祖父の面影を表現させたのではないかと直観した。私の直観の当否はとにかく、数奇な流転を経て今日に伝えられているこの仏頭が、一大変革期であった天武・持統天皇の治世の時代的な特徴を色濃く投影していることは疑い得ないであろう。

山田寺が最初蘇我倉山田家の氏寺としてつくられたが、大化改新の際、中大兄皇子（天智天皇）と中臣鎌子（藤原鎌足）の誘いによって次女遠智媛《おちひめ》を皇子の妃とし、改新の後右大臣となったが、その四年後に異母弟の讒言のために非業の最後を遂げた蘇我倉山田石川麻呂の菩提を悼うための大寺として、天武、持統両天皇によって発願されたことは、『上宮聖徳法王帝記』の裏書きに次のように明記されている。

皇極天皇二年（六三四）金堂を建つ。

大化四年（六四八）始めて僧等住む。

大化五年（六四九）三月二十五日、石川麻呂害に遇う。

天智二年（六六三）塔を構う。

天武二年（六七三）十二月十六日、塔の心柱を建て、舎利八粒を安置す。

天武五年（六七六）四月八日、路盤を上ぐ。

天武七年（六七八）十二月四日、丈六仏像を鋳造す。

天武十四年（六八五）三月二十五日、山田寺開眼供養。

特に注目すべきは、このような山田寺建立の時代が六四五年、大化改新、六六三年、白村江の敗戦、六七二年、壬申の乱という内外の一大転換期であり、山田寺の本格的建立が壬申の乱の勝利によって天武天皇の新政権が確立して行った過程と完全に並行して進められ、石川麻呂の三十七年目の命日に開眼式が挙行されたことである。山田寺は、天武天皇の皇后、後の持統天皇の祖父蘇我倉山田石川麻呂を、内外の激動期に理不尽に生命を落した、この転換期の最大の犠牲者として追悼すると共に、新たな時代への期待を託して建てられた記念碑であり、今もその仏頭に見ることができる豊かで若々しく、多くの可能性を秘めた容貌に、白鳳時代の息吹きを感得することができるように思われる。

この山田寺の数奇の運命は、奇しくも仏頭が発見された年の二年前に書かれた足立康氏の「石川麻呂追福の仏像」（『史学雑誌』第四六編第一号、昭和十年二月、『日本彫刻史の研究』竜吟社・昭和十九年に収録）で綿密に追跡されているので、大略を紹介しよう。

特に驚くべきことは、天武十四年（六八五）三月二十五日に三尊の開眼が行われた後、『扶桑略記』に、治承三年（一〇二三）十月十九日、山田寺に詣でた藤原道長が「堂中以二奇偉荘厳一。言葉云黙。心眼不レ及」と感嘆したと記されているように往昔の偉容を誇っていた三尊が、源平の戦いによって奈良の大寺の多くが焼失した後、興福寺の僧兵によって再建された東金堂に強引に移されてしまったことである。九条兼実の日記『玉葉』の文治三年（一一八七）三月の項には、「九日、……東金堂衆等、不レ触二衆徒僧綱一、又不レ申二長吏一、自由奪二取山田寺、金堂丈六薬師三尊像一、欲レ奉レ安二件東金堂一云々……只今承二及此由一、加二制止一之処、已奉レ引二出途中一云云、自由所行、無二申限一云云」と記されているが、二年余り後の文治五年（一一八九）八月二十二日に、奈良の諸寺に参詣した項には、東金堂に安置された旧山田寺三尊について、「此仏、先年堂衆等、盗二取山田寺金銅仏一奉二安置一也。彼時難レ有二沙汰一遂以止住。今奉レ拝誠機縁令レ然事歟。」と記されている。

このようにして、山田寺から興福寺東金堂に移された石川麻呂ゆかりの三尊は、文和五年(一三五六)二月十七日東金堂が雷火のために焼失した時には無事であり、応安二年(一三六九)十二月十三日、再建された東金堂に安置された。しかし、東金堂は、応永十八年(一四一一)閏十月十五日に再び焼失し、今回は「東金堂本□亡焼了、御□□残了」(『興福寺別当次第』)の有様となった。足立氏が引用した古記録には「本尊亡焼了、御頭首残了」とあったのではないかと思われる。東金堂は応永二十二年(一四一五)に再建され、中尊は新鋳された。足立氏によれば、『古記部類』の六月二十六日の項に、「東金堂本尊今月奉渡」と記され、現在東金堂に安置されている中尊がこの時のものであることは疑いないが、古記には日光、月光の両脇侍については、新鋳された記録は見られない。恐らく現在の東金堂の両脇侍が、火災による破損の修理の跡を止めているとはいえ、山田寺創建当時のものといえよう。

このように幾多の変遷を重ねた山田寺三尊は、一九四二年に至って、東金堂の解体修理の際に思いかけず仏頭が発見され、今日では白鳳仏の典型的な実例となっている。何よりもこの三尊と山田寺の伽藍がつくられた経緯が他に類例ないほど資料的に明らかになっていることは誠に貴重なことである。私の報告では、山田寺の歴史に関する史料を紹介し、僅かに仏頭と多くの修理の跡のある両脇侍にしか残されていないとはいえ、最近の調査によって明らかになった山田寺建立当時の巨大で精巧な伽藍の実体を天武・持統期の一大転換期の史実と重ね合わせる時、白鳳文化の日本史上の地位付けについて極めて重要な問題点が多く見出されるのではないかと指摘した。古代史、特に日本律令に関する専門研究者を前にして、全く趣味の域を出ない私の素人談議を長々としたのは面映い限りであったが、出席した方々からいろいろの御質問、御意見を承ることができたことは幸いであった。

時間の関係と、何よりも私の予備知識の不足のためにごく簡単にしか言及することができなかったが、白鳳文化について私がかねてから深い関心を持っている奈良薬師寺の薬師三尊をめぐるいまだに定説を見ない論争についても、問題提起のために一言した。言うまでもなく、飛鳥の本《もと》薬師寺を奈良遷都の際に現在の奈良の地に移したという移転説と奈良に新たに建立されたという再建説との対立と、三尊が白鳳仏か天平仏かという論争であるが、私としては何れとも確答することはできない。素人の特権と自認して敢えて一言させていただくならば、私としては、現在の薬師寺が奈良遷都後、七二〇年前後に再建されたことを認めると共に、薬師寺金堂の三尊が天平仏というよりも白鳳仏の最も完成された様式を示すものと考えている。町田甲一氏と久野健氏とは、薬師寺をめぐる論争で最も激しくわたり合ったお二人であるが、私は、町田氏が久野氏の移転説をきびしく批判しつつも、「平城への移転、新造営は、両天皇［天武・持統］の皇子草壁皇子の妃で、持統天皇の妹、天武天皇の姪にも当る元明天皇によって行われているから、この寺もまた、天武・持統両帝を中心とする同族愛の結晶ともいえよう。」（『大和古寺巡礼』講談社学術文庫、一三五頁）と指摘していることと、インド、中国、朝鮮の古寺と古仏を精力的に調査した久野氏が特に山東省済南に近い神通寺跡の石仏の調査記録に、それぞれ唐の貞観十八年（六四四）と顕慶三年（六五八）の紀年が刻まれた仏像に、北周、隋様式から初唐様式への著しい変化が示されていることに着目して、天武朝につくられた薬師寺三尊の源流を初唐様式に求めた自説が裏付けられたと強調していること（『仏像のきた道』ＮＨＫブックス、一五八―一六三頁）に注目したい。久野氏の指摘によれば、本薬師寺の三尊が初唐様式を反映した豊かでのびのびした作風であったと想像することは十分に可能であるし、町田氏のように、薬師寺が（あたかも山田寺の場合と同様に）天武・持統両帝を中心とする壬申の乱以後の新権力者の意図を色濃く示していることを認めるならば、たとえ、薬師寺が奈良遷都後の再建であったとしても、再建に当って、飛鳥で創建された堂塔と仏像の様式をできるだけ継承しようとする努力が払われたと想像することは可能なのではなかろうか。

報告では、さらに白鳳文化の特徴を天武天皇の発案に始まった『古事記』や、柿本人麻呂や天武・持統両天皇の作歌についても指摘するために若干の史料を提供した。特に万葉集については、白鳳時代の作風が古代国家の全盛期の特徴を表現していることについて一言した。思いかけず依頼されたこの報告の準備過程で、久しく離れていた日本古代史への関心を著しく高めることができたことについて、企画に当られた方々に厚く御礼申し上げたい。

〔原載―國學院大學日本文化研究所報二二五号、平成十四年三月〕

日本の律法典における形式性と実用性

小林　宏

一

「粉飾」という言葉がある。今、手許にある『広辞苑』をひくと、「よそおいかざること。立派にみせかけること。」とある。同書には「粉飾決算」という語も載せられており、その意味は「会社の資産内容、収支状況をよく見せるために、貸借対照表や損益計算書の数字をごまかすこと。」と記されている。そうすると「粉飾」という言葉には、実際の内容よりも、それをよく見せる為に外見を飾るとか、人の目をごまかすとかというような余り良くない意味が籠められているようである。

唐の長安の都は壮大、堅固な羅城に囲まれていたが、それを模した我が古代の都城は、朱雀大路や羅城門周辺の人目につく所だけ殊更に華美に仕立て上げ、その他は殆どそのような工事は為されなかったといわれている。また外国使節の往来のある山陽道の駅館だけが「瓦葺粉壁」に改められ、その他の駅館はそうではなかったともいわれている。そうすると日本古代の都城や駅館にも、「粉飾」が施されていたといえそうである。しかしよく考えてみると、このような我が古代国家における「粉飾」は、当時の日本の国力からすれば蓋しやむを得ないことであり、またそれなりの日本人の知恵の所産でもあったといえよう。

二

さて日本の律令法典を構成する諸条文を読んでいると、一見しただけでは唐の律令条文と殆ど変らないが、よく読んでみると、その内容は唐のそれとはかなり異なっているという場面に遭遇することがある。これを日本の律令条文の「粉飾」的立法と呼んでよいかどうかは暫く措くとして、その典型的な事例の一つが養老名例律12婦人有官位条であり、この条文は我々が日本の律令法典における立法の仕掛けやそのメカニズムを解明しようとするとき、好個の資料を提供するように思われる。この条文に関しては高塩博氏の研究があって[1]、すでに委曲が尽くされている。ここでは高塩氏の研究に拠りながら若干視点を変えて、もう一度、この条文を眺めてみたい。

我が国には従来、夫や子の官位に応じて、その妻や母に一定の官位を授けるという制は存在せず、日本の婦人に与えられる官位は、すべてその婦人の一身上の功によって独自に授けられるものであった。しかし唐においては、婦人の有品者には夫や子の蔭によって官品が授けられる場合があった。唐律同条は、そのような婦人の犯罪に対する処罰規定であって、日本では、それをそのまま受容することはできなかった。そこで養老律撰者は、唐律の「不得蔭親属」を削ることによって、一方では日本の婦人のもつ官位がその親属に蔭を及ぼすことを認めて、唐律同条を一身上の功によって独自に官位が授けられた婦人の犯罪という日本の律にふさわしい内容に改めると共に、他方では「各依其品。従議請減贖当免之律。」という官品を有する婦人に対する唐律の処罰方式を採用して、本条全体を唐律の形式に合わせることとしたのである。しかも立案された養老律には、ただ「婦人有官位犯罪者」とのみあって、夫や子の蔭によらずに独自に官位を得た婦人の犯罪であることは一言も記されていない。また本条には疏に当る文も付されていないから、その内容上の特異性を直接窺うこともできない。

かくして本条は、その法的内容は唐律とは異なるが、外見上は極めて唐律に類似する規定となった。我々が長い間、本条を唐律同条とほぼ同じ内容をもつ条文であるかの如く思いこんで来たのは、養老律撰者が本条を唐律同条に対応し得るように立法上の工夫をこらし、同じく官品、官位を取得した婦人の犯罪という共通の性質を利用して、唐律に倣ってそれと同じ位置に本条を配したからであろう。

三

外見上は唐律に酷似するが、その内容は唐律と異なる条文は他にも存する。養老戸婚律9立嫡違法条がそれである。本条と唐律同条とを比べると、その本文は両者全く同一である。ただ本文を解釈した唐の律疏の文、「立嫡者。本擬承襲。嫡妻之長子為嫡子。不依此立。是名違法。」の「襲」一字が養老律逸文では「家」に変えられているに過ぎない。我が立法者が家の相続をいかに規定するかを考えたとき、中国では家を継ぐという観念が存しない為、唐の封爵の相続人選定法（嫡子による単独相続）を我が継嗣法に持ちこんだのであるが、本条はその法定順位違犯の人選をした場合の処罰規定である。従って上記の「襲」字から「家」字への変更は、日本の国情により本条の内容を唐の封爵の相続法違犯の処罰規定から家の相続法違犯の処罰規定に作り変えたものであるが、同時にこの一字の変更により唐のその処罰規定の方式を、そのまま我が養老律に借用することができたのである。

このように両者の立法上の目的は全く異なるにも拘らず、養老律撰者は唐律の形式に忠実に従って前記の一字以外の改訂は施していない。しかも日本律の原本では、唐律の疏に相当する注文は小字双行に記されたと思われるから、右一字の相違は目立ちにくく、その本文をみる限り両者は同文である。

養老賊盗律47売二等卑幼条も、唐律同条が妻と妾との刑事法上の扱いを異にしているにも拘らず、養老律がそれを同等に扱っていることを示す重要な条文であるが(2)、養老律の本文をみる限り、それは明瞭ではない。右の事実は唐律同条の問答を論述体に改めた養老律の小字双行の注文の中に、唐律問答中の「妻」に「妾」が追記されていることから知り得るに過ぎない。また養老律では、唐律問答中にある「為百代之始。敦両族之好。」を削除しているが、養老律撰者がこの文を削除したのは、儒教倫理的な章句を省いて律文全体を簡潔なものにすると共に、この文を削除することによって「妾」を追記したこととの整合性を図ろうとしたからであろう。そうであるとすれば、この「妾」の追記と前掲文の削除は、やはり国情によって妻を売って婢とする罪と妾を売って婢とする罪とを同じに論ずると共に、他方では妻を売った場合、これを「余親」として扱い、その罪は「凡人和略法」に従って処罰するという唐律問答の解釈を我が妾を売った場合にも、そのまま適用する為の作業であったといえよう。

四

日本律撰者が唐律の形式（条文の用語、文章、構成、配置等を含む法規定立の方式やその類型）に倣って新しい律法典の諸条文を立法しようとするとき、大雑把にいえば、その法的内容を殆どそのまま受容してもよい場合とそうではない場合との両者があったと思われる。前者の場合は唐律の条文のままか、もしくは唐律に存する事物の名称や量刑を単に改めるだけで容易に日本律の条文を立案することができたであろう。問題は後者の場合である。その際、その条文や条項は削除するか、もしくはその内容を日本の国情に従って変更するか、その何れかの方法をとるが、内容を変更する場合にあっても、変更したその内容は、できるだけ唐律の形式に倣って処理するように努めた。しかしそうはいっても、その作業は決して容易ではない。何故なら唐律の各条文は、唐律全体に通ずる一貫した論理の上に立って構築されているからである。従って日本的に改変された律の内容を唐律の形式に沿って立法した場合、その条文の内容は唐律に内在する論理構成を歪めて、その形式と矛盾・齟齬したり、また他の日本律令の諸条文と矛盾、重複したりする事象を惹起することになって(3)、その作業は或る程度、成功する場合もあるが、そうではない場合も屢々あったのである。

このように考えると養老律冒頭の八虐・六議の制も、唐律の十悪・八議の制を継受するに当って、日本の国情からする現実上の要請と唐律の形式の継受からする理念上の要請と、この両者の矛盾、葛藤の所産ではなかったかと思われる(4)。極言すれば日本律諸条文の立法とは、すべてこの両者の折合いをどのようにつけ、両者の調和をどのようにはかるかという鬩ぎ合いの作業であった。しかも、それは日本の律法典の編纂そのものにおいて、すでに認められるものである。即ち唐の律と唐の律疏との両者から日本の律法典を編纂すべきであるとする当時の現実的要請を踏まえて、日本律撰者は唐の律疏の機能の中でも、律文の解釈の統一という最も基本的な機能を唐律の本注の形式に倣って最小限、取り入れることによって、一方では当面の律運用に必要にして簡便な内容をもつ律法典を制定すると共に、他方では従来の中国の法典編纂の規範からも大きく外れない日本独自の新しい律法典を創り出したのである(5)。

五

従来、日本律の編纂については、単に唐律の「直写」「直輸入」などといわれて来た。しかし、そこには日本律撰者が立法に当り、唐律の形式を重視して、むしろ唐律の「直写」「直輸入」に心掛け、また国情に従って唐律の法文の一部分に対し削除、変更、追加、合併などの作業を施しながら、なおその条文全体を「直写」「直輸入」にみえるように仕立て上げた努力が存在したように思われる。それでは何故、日本律撰者はこれほどまでに唐律の形式に固執するのであろうか。それは恐らく当時の為政者にとって唐の律令法典は、その理想の国家像の骨組みを支える為の最もよく整備された合理的な法典と考えられていたからであろう。当時の明法家は唐の律令を指して「本律」「本令」と呼んでいるが、この言葉の中には、そのような意味合いが籠められていたとみることができよう。唐の律令法典は、日本の為政者にとって、それほどまでに高い権威を有していたのである。

しかし唐の律令法典の形式に倣うとはいっても、律法典と令法典とでは若干、その程度を異にする。確かに律法典は令法典よりも、より「直写」「直輸入」的傾向があった。それは何故か。もとより両者には日本への受容の歴史上の違いがあるが、一般的にいえば令法典は行政組織や官人の執務準則を定めたものであり、律法典はそれに違犯したときの処罰法規である。この処罰法規は中国的な刑法理論の上に立って構築されており、そこには国家的規模によりその行政組織や官僚組織に関する諸規定を大幅に異にせざるを得ない令法典に比べて、一定程度の普遍性や自己完結性があった。従って律法典の継受は、令法典のそれに比べて唐の法条の形式に倣うことが比較的容易であったと思われる。しかし令法典と雖も、唐令はもとより更にその格式礼等の形式に倣うことを原則としたであろう。但しそれが不可能なときは、日本において新しく条文の形式を創造したであろう。憶測を逞しくすれば、その場合にあっても、唐の律令法典の淵源である中国歴代王朝の諸法典の形式や唐の律令法典の基本的な原理にできるだけ依拠して立法しようとしたのではなかろうか。

もしそうであるとすると、日本の立法者が倣おうとした律令法典の形式は、決して厳格に一定したものではなく、中国律令法体系上の形式ともいうべきものであって、その枠は緩やかで大きなものであった。日本律令の撰者は、その大枠を守りながらも、その中で日本の独自色を出すように心掛けたであろう。日本律令編纂の本領は、このようにしてその形式性と実用性とのバランスをとろうと苦心したことにあり、その技術はかなり巧妙であったといえよう。右のような形式を備えた律令法典を編纂することが当時の日本にとって国の内外に対し、その法典の適法性、合法性を獲得することとなり、それはまた新しい国づくりを正当化することにも繋ったと思われる。

最後に律令法典の立法における形式性と実用性との関係についてであるが、一応、次のように考えられよう。即ち立法の作用が実用性に乏しく形式性のみに終始すると、立法された法規の内容は実生活から遊離したものとなり、その法典は実効性を欠くものとなる。逆に立法の作用が形式性に乏しく実用性のみに終始すると、立法された法規の内容は恣意的なものとなり、その法典は首尾一貫性や体系性を欠くものとなる。上記の意味で実用性はその法典に現実的生命を吹きこみ、形式性はその法典を正当化し、権威づける。しかも両者は互に関連し、互に他を補完する関係にあるといえよう。

註

（1）高塩博「名例律婦人有官位条について」『日本律の基礎的研究』所収、昭和六十二年五月、汲古書院刊。

（2）拙稿「日本律における妾の地位——唐律との比較から——」『法史学研究会会報』第八号、平成十五年刊参照。
(3) 養老名例律12条が他の名例律諸条と重複する規定であることについては前掲高塩論文参照。また養老賊盗律47条の唐律問答に相当する注文には「本犯非応義絶。或准二等之幼。」とあって、この個所は「妾」が「義絶」の対象とはならないとする養老律令の他の規定（戸令31条、戸婚律40・41条逸文）と矛盾する。
(4) 拙稿「「因循」について――日本律令制定の正当化に関する考察――」『國學院法学』第二八巻三号、平成三年一月刊一二三頁以下参照。
(5) 拙稿「日本律編纂の意義について」『律令論纂』所収、平成十五年二月、汲古書院刊参照。

〔原載――國學院大學日本文化研究所報二三五号、平成十五年十一月〕

日本律二箇条の復原について

律令研究会（宮部香織・石岡　浩）

律令研究会は昭和四十四年に第一回例会を開催して以来、連綿として『令集解』を講読して来た。今年度は儀制令第九条（元日条）から同令第十七条（五行器条）までを読み進んだ。『令集解』は養老令の注釈書集成とも言うべき書で、九世紀後半の頃、惟宗直本《これむねのなおもと》が選述したとされる。本書には「令釈」「跡記」「穴記」などという養老令の諸注釈のみならず、「古記」と称する大宝令の注釈書をも収載する。これらの諸注釈は、時として大宝律や養老律を引用したり、場合によっては中国の唐令を引用することもある。それ故、『令集解』は散逸して伝わらない大宝・養老の日本律や唐令等の復旧の典拠として、江戸時代以来、重要な役割を演じてきた。

従って、従来多くの研究者が『令集解』を博捜したため、今日ではこの中から日本律の逸文を発見することは容易ではないが、今年度の研究会例会において、日本律二箇条の復原史料を見出したので、ここに紹介する次第である。

一　養老戸婚律第三十一条（父母囚禁嫁娶条）

唐律の戸婚律第三十一条は、

諸祖父母父母被囚禁而嫁娶者。死罪徒一年半。流罪減一等。徒罪杖一百。祖父母父母命者勿論。

という条文である（傍点部分は本注）。この条文の意味は、祖父母父母が牢獄に囚禁されている時に子孫が婚姻した場合には、祖父母父母の量刑に応じて子孫に徒一年半から杖一百を科すというものである。本注はその例外規定であり、囚禁中の祖父母父母の命によって婚姻した場合は、罪を科さないと定める。

大宝・養老の戸婚律同条は、儀制令第十六条（祖父母条）集解に収載の逸文によって復原されている。もっとも、その復原は前掲唐律の本文部分のみであり、量刑が一等ずつ軽くなっている（律令研究会編『譯註日本律令』二律本文篇上巻三九八頁、昭和五十年、東京堂出版）。

儀制令第十六条は「凡祖父母父母患重。及在囹圄者。不得婚嫁。若祖父母父母。有命令成礼。不得宴会。」という条文であり、この条文は祖父母父母の病気が重い時や獄に囚禁されている時に、その子孫は婚姻してはならないという趣旨である。この原則に対し、重患や囚禁中の祖父母父母の命によって婚姻することは認めるが、その場合であっても宴会は許さないというものである。従って、この条文中、「若祖父母父母。有命令成礼。」という例外は、前掲唐律の本注「祖父母父母命者勿論」が前提となる規定であろう。つまり、養老律令の戸婚律第三十一条と儀制令第十六条との間で整合性を保つためには、「祖父母父母命者勿論」に相当する規定が戸婚律に定められていなければならないのである。

この考えは、左に示す儀制令同条集解の朱説によって裏付けられるように思う。

朱云。父在禁。母令婚嫁者。母可罪科耳。依戸律者。未知。父在禁。祖父令婚嫁何。答。祖父可坐也。凡戸律可案者。（新訂増補國史大系『令集解』七二〇頁）

この朱説の意味は、父の囚禁中に母が子を婚姻させた場合は、戸婚律第四十六条（嫁娶違律条）の「嫁娶違律。祖父母々々外祖父母主婚者。独坐主婚。」という規定を適用して母を罪に処す。それでは父の囚禁中に祖父が孫を婚姻させた場合はどうかと言うに、この場合も右の戸婚律の規定によって祖父は罪に問われるというものである。

前掲の唐律本注「祖父母父母命者勿論」という規定から、囚禁中の祖父母父母自身が子孫に婚姻を命じた場合、命じた祖父母父母は罪にならないという解釈が導き出される。この解釈から議論がさらに展開して、父の囚禁中、囚禁されていない母や祖父が子孫に命じて婚姻させる場合、これは「嫁娶違律」の行為として母や祖父は罪に問われるという解釈が生じるのである。つまり、朱説の注釈もまた、「祖父母父母命者勿論」なる規定の存在が前提となっているように考えられるのである。

以上のことから、養老戸婚律第三十一条には、唐律本注「祖父母父母命者勿論」に相当する規定が存したと推測されるのである。

（宮部）

二　大宝廏庫律第二十一条（放散官物条）

儀制令第十七条（五行器条）は、「凡国郡。皆造五行器。有事則用之。並用官物。」という条文である。この条文は、国郡に「五行器」の製造を命じ、その製造費と五行器利用の経費は官費をもって充てることを指令している。この条文は大宝令にも存し、「五行器」の語句が「五行器具」であったことが、『令集解』同条所引の古記によって知られる。

その古記に、左のような問答の存することが注目される（前掲『令集解』七二一頁）。

古記云。（中略）問。不用之物太多。造具費損官物如何。答。物可売者。売価納官。不可売物者。以放散官物論耳。

この注釈の要旨は、五行器の中には不用な物品もたいへん多いので、その製造費は官費を無駄にしているが、これはどのように対処すべきかという問に対し、その答は、不用な物品は市中に売却してその代金は官に納入せよとする。但し、売却すべきでない物品を売り払った場合には「放散官物」をもって議論せよというものである。

ところで、「放散官物」に関して、養老廏庫律第二十一条の逸文に、「放散官物者。坐贓論。謂出用官物。有所市作。」という規定が存する（前掲『譯註日本律令』二、四五二頁）。この規定は、官の用途に充当すべき官物を市中に出売する行為は犯罪であり、その罪は雑律第一条（坐贓致罪条）の坐贓罪を適用するという意味である。すなわち、古記の問答中、「不可売物者。以放散官物論耳。」は養老廏庫律第二十一条の前掲規定に相当する大宝律の規定を論拠とする解釈と見るべきである。

従って、右の古記の問答は、養老廏庫律同条の「放散官物者。坐贓論。謂出用官物。有所市作。」に相当する規定が大宝律にも存したことを証明し、そのうち「放散官物」の四文字は大宝律の語句と見做して復原することが可能であろう。

（石岡）

〔原載—國學院大學日本文化研究所報二三〇号、平成十五年一月〕

《書　評》

國學院大學日本文化研究所編

『日本律復原の研究』

木暮英夫

このたび、國學院大學日本文化研究所の名義で、同所内の律令研究会のメンバーの手になる「日本律復原の研究」と題する浩翰な書物が出版された。同研究会は、すでに東京堂出版によるシリーズ『譯註日本律令』の中、『律本文篇』上下二巻の作成に携っており、その中で日本律のテキストの復原の成果を示すことに力を注いでいる。

我国の律は、散逸または欠落した部分が多く、その復原が学界において待望されている状態である。この『律本文篇』は、右の目的のために、江戸時代から近年にいたる復原のすでに成った部分を、その詳細な典拠とともに示した、学術性の非常に高いものである。復原なった部分と欠如している部分を唐律との対比において表示しているから、研究者にとってきわめて便宜である。（ただし、すでに多くの研究書によって成されている、読解のための返り点をなぜに省いたのであろうか、譯註と書名を名付けたからには、多くの一般の読者の便宜を計るべきではなかったかと惜しまれる。）

今回の研究書の後半部分の第二篇は、右の『律本文篇』に掲げた逸文綴輯の際の考証を集めたものであり、その第三篇は、右のテキスト作成後における律復原作業の最近の成果を世に問うたものである。律令研究会の独自の研究システムのもとでの、その後の増補修正作業の過程と、膨大な出典の詳細な分析の結果が説明文とともに示されている。（ここでも、漢字の直列でなく、返り点を付して欲しかった。）更に本書には、附篇として律逸文に関する四本の小論文が収録されている。

これに対し、本書の第一篇は、「唐律疏とその継受の研究」と題し、四本の論文を掲げている。研究会の主宰者である小林宏教授と幹事役の高塩博氏の共同の論文（第一の論文だけは小林氏の単独名）を集録したもので、研究会の基本思想を要約したものといってよい、優れた着想の展開である。永い年月の間に通説の様に固定された観念を、明快な論理をもって、片端から打ちくだいてゆくその歯切れの良さと、新鮮な学想とには人を魅了せずにはおかない気迫がこもっている。後篇の復原作業は、この基本構想の実践の意味を持つから、これらの論文は、学界にとっても、研究会の活動にとっても極めて重要な意味を持つであろう。従って、まず右の四論文につき、その要点を紹介したい。

一　日本律復原の参考文献について

本書の第一論文「唐律疏議の原文について」は、日本律復原作業の最大の参考資料である唐律疏議の研究である。現存唐律疏議は元の泰定四年（一三二七）以降のもので、その後、中国各時代の実質的実定法、若しくは重要参考資料として、承継されて行ったものと思われ、それにともなって改定を受けたことも考えられる。そうでなくても、筆写の際に誤脱・改ざんされた部分もすくなくないと思われる。本論文では右に対する検討の便宜のため、宋刑統・養老律さらには敦煌出土残簡をも収集して該当個所を対比表示することにより復原作業に便ならしめた。

現存唐律疏議は、開元律疏の系統を伝えるものといわれ、永徽律疏を継受したと考えられる日本律（大宝律、そしておそらく養老律も）とは系統を異にする。この両律疏の内容の差異を明らかにすることも作業のひとつである。また、現存唐律疏議や宋刑統にも数種類があって、その内容に精粗があり、却って日本律によってその誤謬を訂正加筆しなければならない個所もある。

本論文は、日本律復原作業において、問題にすべき点を、以上の他、数点指摘した上で、現在及び今後の作業の目標を示した。本書の後の部分はこの目標に沿って理論と作業を展開していったものと考えられ、従って本論文は本書の導入部にあたる重要な部分を構成しているものと思われる。

二 律疏の意義について

本書の第二論文「律集解と唐律疏義」および、第三論文「律疏考」は、いずれも律疏の性格・成立時期・日唐の律疏の比較など律疏の意義づけをその重要な課題としている。

第二論文では、まず「本朝法家文書目録」中に掲げられている「律疏一部三十巻」とあるものは、日本律の律疏であるのか唐の律疏であるのかがまず問題とされている。佐藤・和田・瀧川諸博士らの先学は、律疏を律の解説書と解し、「本朝法家文書目録」にその名が記されているところから、この名称の書物が日本にあって、日本律のために日本で起草されたと解する（四六頁）。これに対して、利光博士は、同氏の「律の研究」のなかで、名例律勘物・政事要略・中右記・法曹至要抄等の書のなかに、律集解所引の「律疏云」「疏云」の記事が載せてあり、そのなかにあるもので現存の日本律の疏に見えないものがあり、この点から博士は別に律疏と称する書があり、右の所引はその「律疏」の逸文であるとして、結局、日本と唐の双方に律疏があったと結論するのである。

これに対し、小林・高塩両氏は、瀧川・利光両博士らのいう律疏の逸文は、唐律の疏文やその注釈を転載した日本律の注釈書ではなく、唐の律疏そのものであると反論する。両氏は、利光氏の挙げる律疏の逸文を逐一検討したうえ、それらは唐の律疏の引用であって、唐の律疏と別のものではないと判断して、結局、唐の律疏のほかに律疏と称する書はないと結論する。

瀧川博士らが「律疏という和書があった」という説を取られるのは、「本朝法家文書目録」に律疏三十巻が、律集解・律附釈とともに記載されていることが大きな根拠になっているようである。しかし、「本朝法家文書目録」の内容をみると、律令格式という当時の実定法規集、及び重要な付属法律文書を掲げたものであることが知られ、単に目録の表題から、和書のみを収録したものと考えることは、法律書の性質上、本質的思考方法に沿った考え方ではないように思われる。外国書であっても実用上不可欠のものは、重要文献、恐らくは補充法規の意味をもって、記載するに躊躇しなかったのであろうと考えられる。

以上は私見を述べてみたまでであるが、本書論文では、「法家文書目録の作成者は律疏と律附釈が唐の撰述書であることを知りながら目録に記載した疑いが濃い」と慎重に書いている。

唐では、永徽二年に永徽律が制定され、永徽四年に永徽律疏が撰定された。律疏が律と同時に制定されていないことから律疏は律とは別個の書物で、律の注釈書にすぎないという見方もできるであろうが、撰定の時期にずれを生じたことを重視すべきではなく、律疏は律の構成要素として一体不可分の法規範であるとみるべきではないかとおもう。古代法のカジュイスティックな方法から生じた立法方法であると見ることができる。したがって律疏を法的効力を持たない単なる注釈書であると見るのは適切な解釈ではないと思う。それ故に、日本の大宝律は永徽律疏を直接母法として継受している。日本律に設けられた疏は、解釈立法的要素は存するものの、律の法的効力を構成する部分であると思われる。古記がその点、大宝律の疏の部分をも含めて律と呼んだことは正鵠を射ている（一五八頁）。ただし、唐の律疏を指称するときは、日本律と区別して疏または律疏と呼んでいるようである。

養老律の藍本についても、この論文の作者は恐らく永徽律疏であろうとしている（一五八頁）。また律疏の性格を明らかにするための作業において、判断の裏付けとなる諸書の律疏の概念が必ずしも一定していないように見え、その整理と理由解明について、論文作者は苦労しているようである（五四頁）。それらの作者の実証的な作業努力に敬意を払うとともに、概念主義的な史学の方法には拘束されず、法学的な論理的思考方法を作者が取りいれたように私には感じられ、この点にこそより大きな敬意を表したいと思う。

三　律附釈の意義について

第四論文「律附釈考」（一二五頁）は、快刀乱麻を断つ態の痛快な論文である。律附釈に関しても、律疏と同様、「本朝法家文書目録」にその名が記載されているところから起った論争がある。佐藤誠実博士・和田英松博士・瀧川政次郎博士ら先達大家はことごとく律附釈は日本書であるとしていて、定説の様になってきていた。本書「律附釈考」は、これに対して独り唐書説を唱えた。この論文は滋賀秀三博士に対する反駁のため書かれたもので、滋賀博士もまた律附釈の和書説を主張するひとりである。

滋賀博士は小林・高塩両氏の、「律集解の構成と唐律疏議の原文について」（本書の第二論文）の批評において（法制史研究二九）、「律附釈とは、養老律を柱として、これに唐人の著作――律疏その他の注釈書――からの抜粋を配したところの、それ自体注釈書というよりも参考資料集という性格のものでなかったかと思う」と述べた。

これに対する小林・高塩両氏の反駁は、

（1）滋賀氏は養老律を柱としてこれに唐人の著作を配したものといったが、大宝律令の注釈書である古記がすでに律附釈を引用している事実がある。

（2）令集解の戸令国守巡行の条（國史大系本三三二頁）に「附釈および跡云」とあり、この部分は養老律の解説をしている個所であるから滋賀氏のいわれる養老律を柱として唐人の著作を抜粋したものという考えに一致する。しかし此処は、詐偽律の注釈をしている律附釈を跡記が借用し、その跡記を讚記が「附釈および跡云」と表現したものであろう。とすれば、詐偽律の文は養老律の律文とばかりは限定できないとする。ただ、唐律と養老律とが、この条に関して同文であるとすれば、この史料に関しては、滋賀説と小林・高塩説は両立できる可能性があるように思われる。

（3）九世紀の宇多天皇の時代に、勅によって、漢籍の書名・巻数を記した「日本国見在書目録」というものがあり、これに律附釈十巻が挙げられている。これは律附釈が漢籍であることの重要な証拠であると本論文は強調する（二〇一頁）。まことに論文作者の主張は疑問の余地がないように思われる。当時漢籍は貴重な文献であり、まして律附釈は法家にとって、重要な文献とされていたのであるから、日本書を漢籍と見誤るようなことは、勅命による作業の成果として、あり得ないことのように思われる。律附釈が「本朝法家文書目録」にも載せられていることから和書とする説が生まれたようであるが、同目録は、前述のように重要な法律文献の目録であり、律附釈は同じく漢籍である律疏とともに付属文書として掲げられたのであると思う。

（4）「本朝法家文書目録」に挙げられている律附釈の編目と配列の順序が養老律の編目巻数にほぼ一致することも、和書説の根拠になっているようである。これに対し、本論文は、逆に律附釈の編目順序を養老律が参考にしたのではないかと推測する。律附釈がすでに開元七年（七一九）前に日本に到来していたものとすれば（二〇四頁）、養老律撰定の際に律附釈が参照された可能性が大となり、矢張り本論文の方が筋が通っていると思われる。

その他でも、附釈云として引用されている文の内容に明らかに日本の制度にないものがふくまれている場合が数多くあり、論文作者は立証をするのに不自由はないように思われる（例えば「名例律裏書」に引用されている「大祀事」の「附釈云」の記事の内容（國史大系本八六頁）。）

四　第三篇及び第四篇について

本書第三篇、第四篇では、小林・高塩両氏の他、川北、伊藤、島、嵐氏ら、國學院大學律令研究会のメンバーの各氏が、日本律復原のために諸文献を渉猟して、律断片を洗いだして条文に加えるという、気の遠くなるような仕事の結果を詳細に報告している。この部分こそは、本研究書の真価が発揮されている部分なのであろう。しかし何分にも膨大であり、且つ専門的な考証が多く、評者の手におえないので、ただ諸氏の地味な努力に敬意を表するに留めさせていただきたい。

結　語

最後に律令法学について一言ふれておきたい。日本律令の研究は、江戸時代、国学、国史学の一環として肇められた。近代に至って、日本法制史学の一部門となり、多少視野をひろげたものの、なお「国家枢要の学問」といった大学令時代の学問に国境を設ける思想の匂いがしないでもない。律令学は、法制史学であるとともに法学の一部門なのであり、古代法学は、現代法学とならぶ法学の双柱である。ローマ法がその普遍妥当性を以て、近隣諸国に大なる影響をあたえたように、古代中国法は、その普遍妥当的の原理によって、近隣諸国に大なる恩恵をもたらした。ローマ法の研究は現代法学者にとって、不可欠の研究分野になっている。これに対し、律令法学は、ローマ法学の場合と異り、実定法学者の参加のすくないままに、主として、国学、国文学、国史学の範域のなかで研究がおこなわれてきた。このため、律令法学には、解明されることが望まれる古代実定法学上の問題についての研究がなお手つかずのままに残されていることがすくなくない。法制史学の一部門となってからは、歴史学的方法のもとで、法制史的視野で研究が行われているため、実定法学の分野で必要な知識が充分に得られない恨みがある。ヨーロッパでも、法史学を歴史学の範域を越え、法学との連携を保った特殊の部門とする動きが強まり、一九六四年にマックス・プランク・ヨーロッパ法史研究所の開所を契機に、国制史をこえ、法域——実定法・ローマ法・カノン法・自然法——を総合したヨーロッパ法史の研究がはじまっている。この研究には多くの実定法学者も加わっているという（久保正幡教授記念講演より――法学協会雑誌八九巻八号）。

律令法学の研究が、実定法学とどのように連携し、どのような実を結ぶかは未知数である。けれども西洋法学の影響のもとで密接不可離に連動して東洋法学の介入の余地がないようにみえる日本の法学においても意外に西洋法学とは体質的に相容れないものをその表面下に持っている。この反対に、東洋法学、ことに律令規範は我々の慣習や条理を通じて、意識下で生きつづけているように思われる。ともかく、実定法学が積極的に東洋法学を西洋法学とならんで問題にする日がくることを望んでやまない。

このために、律令学者が我々に理解できる律令研究の便宜を提供してくれることを私は切に望みたい。その便宜とは、

第一に、律令理解の最大の困難は漢文体の文章であるから、これを出来るだけ容易にするようにして欲しいということである。漢文を理解することは日本人にとり教養の一つではあっても、これを学問的に正しく的確に理解するには専門家の力を借りなければならない。原文を読下し文にするか、返り点を付けることが当然のようになって欲しいものと思う。

第二に、律令法学の研究を法制史学の対象だけでなく、法学の研究対象とするために、法学一般に共通な法律概念を使用して、説明をして欲しいということである。ローマ法が現代

的意義を有するのは、共通の法概念のもとに比較研究ができるからであるが、法制史学でしか理解できない用語を使用し、ちがった方法で研究していたのでは、ローマ法も法制史学の対象にしかならなかったであろう。

第三に、律令法学は法学の一部門でもあるから、研究に際しては、法学的な、論理的思考法を用いて差支えないものと考える。今おこなわれている日本律のテキスト作成においても、研究会諸氏の努力によって、目覚ましい進歩を遂げているが、散逸した文字のすべてを再現することは難しいのではないかと気遣われる。やがて障壁に直面したときは——この時は法学的方法を用いて打開していくより方法はないのではないかと思う。法学的方法とは、歴史学の様な帰納法ではなく、演繹方法を用いることである。律令学を法学として認識する限りこれは許容さるべきことであると思う。

明治八年に、太政官布告がだされ、裁判官心得として「成文も慣習もなき場合には条理をもちいて裁判せよ」という布告がだされたことは周知のことであるが、この条理というのは外国法を参考にして判断をすべきだという意味であると解されている。このようなことは法律解釈と裁判実務上通常に存在する通念といわねばならない。律令法にもこのことは、最も顕著におこなわれていたとおもわれる。律疏その他の外国書の丹念な引用ぶりを見れば明瞭である。集解等に律疏を引用するのは、日唐の比較法のためではなく、本邦の法に規定がない場合、または、疑義ある場合の補助法規または条理として、法律判断の資に供するためであろう。単なる権威づけなどと推理するのは法律学的思考法ではない。さらにこのような論理的思考を重ねることにより、失われた法の発見を不可能から可能性へとつないでゆけはしないだろうかと考える。

本書の小林・高塩論文を頂点とする律令研究会の研究方法は、その論理的思考方法において、かなり法学的方法を指向しているようにおもわれる。これは両氏が、國學院大學において実定法学を担当しており、法解釈学の方法に精通して居られることと無関係ではないと思う。これからの律令研究方法は、史学・法学両方法の適切な連携の上に論理的可能性を追及する方向へ進展してゆくべきだと思われる。

終わりに律令法学が、日本文化研究から発祥して、東洋史的立場にたち、やがて独立の東洋法学にまで発展することを心から望んでやまない。

（A5版八二五頁、昭和五十九年六月三十日発行、定価一六、〇〇〇円、国書刊行会刊）

〔原載―國學院法學二二巻四号、昭和六十年三月〕

大宝令の注釈書「古記」について
——研究史の整理と今後の課題——

宮部香織

はじめに

「古記」とは、現在確認できる最古の律令注釈書であり、それも大宝令の注釈書である。但し、古記という書物としてはすでに亡失しているのであるが、現在その内容は『令集解』において確認することができる。『政事要略』『法曹至要抄』『令抄』等の書物にも古記が引用されているが、その引用書物の前後関係から推測するに、おそらく『令集解』からの孫引きの可能性が高い。つまり「古記」という書物自体から直接引用しているのは『令集解』だけであると言える。

一　古記についての先行研究

従来の古記についての研究は、以下の二つの点に関するものが多い。

その第一は、古記の成立年代についてである。中田薫氏は、古記が選叙令9選代条において天平九年（七三七）の格を引用しているのでそれ以後、また公式令53京官条では和泉監が河内国に併合されたことを知らないのでそれ以前として、天平九年から十二年の間の成立とした（「養老令の施行期に就て」『法制史論集』一）。その後、瀧川政次郎氏はこの天平九年の格が同年九月一日以後に出されたものであるとして上限を九ヶ月短縮し（「大宝令の注釈書『古記』に就いて」『日本法制史研究』）、坂本太郎氏は葬喪令10三位以上条で、橘諸兄が天平十年（七三八）正月十三日に右大臣となったことを知っているとして、それ以後の成立であると更に上限を縮めた（「列聖漢風諡号の撰進について」『律令制度』）。また、青木和夫氏は賦役令8封戸条で天平十一年（九三九）五月三十日に封戸租全入制を命じた格が出されていることを知らないとしてそれ以前に下限を縮め（「古記の成立」『日本古代の政治と人物』）、岸俊男氏は田令11公田条で天平十年三月の国司借貸制の停止を知らないとして更にその下限を短縮した

（「班田図と条里制」『日本古代籍帳の研究』）。

これらの研究により、古記の成立年代は天平十年正月から同年三月の間に求められたのだが、井上光貞氏は大宝令全篇にわたる注釈書である古記がこのわずかの期間に完成したとは考え難いとして、果して令の篇目順に書かれたのか、成立年次は各巻ごとに違っていたのではないか、とこれまでの年代推定の方法に疑問を提示され、井上氏自身は天平十年ころの成立というあいまいな表現を用いるとされた（「日本律令の成立とその注釈書」『井上光貞著作集』二）。また、野村忠夫・嵐義人両氏によっても同様の指摘がなされており、成立年代の推定作業は内容面からのアプローチ等を含めて今後見直す必要があるだろう。

その第二は、古記に含まれている大宝令の逸文を利用した大宝令の復原であり、まとまった研究としては利光三津夫氏（『律の研究』他）があげられる。以後、この大宝令の復原をもとに、大宝・養老両令の比較へと研究が発展していくことになる。なお、大宝令の復原については『唐令拾遺補』に集成されている。

二　古記の内容的特徴

古記は令文を注釈する際に論述体と問答体の二つの文体を用いている。論述体は、主に令文中の語句・章句を説明する語釈等の解釈に用いられる。問答体は、令文自体からは導き出すことができない事柄を扱う場合に用いられることが多い。つまり、注釈する内容によって文体を使い分けているようである。

古記は、その解釈に書物や法文等を多く引用している。

まず一番多く見られるのが字書・経書の類である。これらは令文中の語句について、その意味を明らかにするために引用されており、字書は文字そのものの意味や発音を示すため、経書はその語句の経書中での実際の使用例を挙げることによりその意味を明らかにするために用いられている。押部佳周氏は、古記の引用する字書・経書は大宝学令の規定にあるものとほぼ一致しており、当時律令を学ぼうとする学生に便利なように古記は配慮していたのであろうとしている（「古記と令釈」『日本律令成立の研究』）。

次に、古記には法典・単行法令の類が多く引用されている。主に格・勅・八十一例・別式・

養老令（古記は「新令」「新選」とする）・別記等が挙げられるが、日本の法だけでなく、中国の唐令（古記は「本令」「開元令」とする）・格式・格後勅等の法典類や法例・判集といった注釈書や判決集なども引用している。これらは、令に明文のない事柄を取り扱う際に、その拠り所として用いられることが多く、令の規定を補う補充法の役割を果たしていたようである。

古記に限らず、『令集解』所引の諸注釈書に引用されている法典類については、その法典自体がすでに失われているものも少なくなく、逸文研究としてその引用法文が利用されているが、各注釈書が令文の解釈を展開していく上でそれらの法文をどのように利用しているのか、という法解釈の点ではほとんど研究がなされておらず、今後検討していく必要がある。

この他に古記は今行事・此間俗といった実際例をとりあげている。これらは、現状に適応させるための措置が、やがて役所内部の施行規則の様になったものと考えられており、そのため令の規定とは相容れない場合もある。

また古記は自分以外の者の解釈についても「一云」・「師説（令師の説）」として引用している。これは「一説には……という解釈もあるようだ」というニュアンスで引用されているようであり、令釈以降の注釈書に見られるような「或云……者非也（ある説が……とするのは誤りである）」という他説の解釈に対する是非までは、古記は判断を下していない。これは他の注釈書と大きく異なる点の一つではないかと思う。

三　古記と古答・古私記

古記以降に成立した注釈書において古答・古私記なるものの引用が見られるが、『令集解』中に見えるこれらの多くが古記の内容と一致することから、同一書あるいは同一学派の注釈であろうと言われている（利光「大宝律令と古答について」『律の研究』）。古記は、成立当時は特に書名は無く、後に「古令の私記」という意味で古記と呼ばれるようになったのであろう。『令集解』の編者は「古記」と統一しているが、実際には古記・古答・古私記など様々な呼ばれ方をしていたのであろう。

四　古記の作者

それでは、この古記という注釈書を誰が書いたのか。従来の研究において、瀧川氏は当初、大和長岡もしくは山田白金のいずれかとしたが（「大宝令の注釈書『古記』に就いて」）、後に大和長岡とした（「平安初期の法家」歴史教育九―六）。青木氏は、古記の文章に唐の口語・俗語が用いられていることより、帰化人系の秦大麻呂と推定した（「古記の作者」『日本古代の政治と人物』）。また、岩橋小弥太氏は具体的な人物名は挙げていないが、古記は具体例として河内国への言及が多く見られるという点から、河内国出身の者としている（「古記」『律令叢説』）。

筆者は大和長岡説を採りたいと思う。古記は、養老令の注釈書で構成されている『令集解』の中に大宝令の注釈書でありながら収録されており、『令集解』所引の注釈書にも古記は多く引用されている。これは古記が重要視されていたということであり、その作者としては当時名の通った人物である可能性が高いのではないか。その点、長岡は養老令の編纂メンバーであり、実際に令の刪定作業に携わっている。このような人物が行った解釈というのはかなり説得力のあるものではなかったか。また長岡は請益生として遣唐使に選ばれており、これは養老律令編纂のために唐の最新の法律を学ぶことがその使命であったとされているが、この時、吉備真備も一緒に唐へ渡っている。長岡と真備は、後の神護景雲年間に刪定律令を編纂している。刪定律令は養老律令の矛盾を解消することを目的とするものであり、長岡がその編纂作業に加わったという事実は、長岡の法律家としての能力が当時の権力者から高く認められていたことを示すであろう。

おわりに

中国から継受した律令をそのままの形で日本において運用していくことは、国情の違い等から非常に困難であった。そのため、律令編纂者達は、あらかじめ律令編纂時に日本の国情に合うように改定を加えたのである。しかし、実際に施行していくうちに、当初予想しなかった問題が多く生じてくる（これは継受法に限らず、法というものには常にある問題である）。法と現実との間の溝を埋めるために、どのような法解釈の論理を用いて問題を解消しようとしていったのかを知るには、律令注釈書の中でも実際的であるとされる古記の解釈はその良い材料となるのではないだろうか。

〔原載―國學院大學日本文化研究所報二二五号、平成十四年三月〕

〔補記〕詳細は拙稿「大宝律注釈書「古記」について――研究の整理と問題点――」『國學院大學日本文化研究所紀要』第九〇輯（平成十四年九月）を参照されたい。

『令集解』所引の「師説」と「師云」

長又高夫

一　はじめに

『令集解』所載の諸注釈私記には、「師説」、「師云」、「令師云」、「後師云」なる諸学説が引かれている。「師説」、「師云」という言葉は、一般的には「師匠の学説」を指し示すものであるから、右の「師説」以下も各私記選者の「師の学説」を示したものと考えてよさそうである。ところが、右の「師説」の「師」が、師弟相承の「師」ではなく、「令師」（令の細則の治定を主要任務とした臨時の官職。和銅から天平期の史料に散見する）の「師」であることが、虎尾俊哉氏によって明らかにされた（「令集解考証三題」『古代典籍文書論考』昭和五十七年、吉川弘文館）。即ち、諸注釈私記所引の「師説」は「令師の学説」を意味したのである。

「師説」が「師匠の学説」でないとすると「師云」、「今師云」、「後師云」についても、その性格を慎重に考証する必要がある。そこで本稿では、虎尾氏の研究に導かれながら、「師説」と「師云」とを比較検討し、上記学説の特徴を明らかにしたい。

二　師説について

虎尾氏は、「師説」に関して次の点を明らかにされた。即ち、「師説」は大宝令の注釈書であり、「令師」の学説が成書化されたものであったと。「師説」の大半（虎尾氏は約80％とする）は、最も権威ある養老令の注釈書、令釈に、その典拠として引用されており（令釈の成立は延暦六～十年頃と言われている）、その一事を以てしても、「師説」が権威ある学説であったことが窺える。師説は、大宝令の注釈書である古記（天平十年頃の成立か）のみならず、延暦期以降に成立した、養老令の注釈書、跡記・穴記（原穴記の成立は延暦期頃と考えられている）にも左の如く引用されている。

①職員令62左兵衛府条集解（新訂増補國史大系『令集解』145頁。以下同）
　跡云。番長四人。依レ文。四百之外。又但依二師説一。令レ習二四百内人一也。

②田令21六年一班条集解（363頁）

穴云。（中略）田租一如二令釈一。為《まなビ》二師説一習耳。

③田令37役丁条集解（379頁）

穴云。田司。謂使部。此従二古説一習為二師説一。

職員令の原意よりも「師説」に従うべきであるという跡記の解釈や、令釈の如く「師説」を尊重すべきであるという穴記の解釈は、「師説」が単なる一学説でなかったことを物語るといえよう。令師は、大宝律令施行後に法解釈の確定ないし、律令細則の治定にあたり、大宝律令の全面的な修正、即ち、養老律令の撰定にも与った法曹集団であり、彼らの法解釈が、「師説」として成書化されたのであろう。③の穴記は、「古説」を示し、それが「師説」であったと強調している点も興味深い。

三　「師云」について

それでは「師云」とはどの様な学説であったのであろうか。「師云」は、穴記、伴記、朱説等の諸学説に登場するが、穴太氏の学説を集成したと言われる穴記に集中する。注目すべきなのは、令釈には「師云」の引用が一例も確認できないという点である。これは「師云」が「師説」とは異なる学説であったことを暗示させる。そこで両者の関係を考える為に「師説」と「師云」が併記されている事例を次に示そう。

④考課令74貢挙人条集解（648頁）

釈云。（中略）師説云。明経出身不レ用二策試一也。当日対了。当日。終日也。対。答也。古記云。（中略）穴云。（中略）師云。明経等不レ可三必終二一日一耳。在二穴記一。

右は、師説と師云が異なる解釈を行っている事例である。令釈「師説」は、明経科の官途に就く為の試験を「策試」（論文試験）ではなく口頭試験で行い、当日中に対《こた》え終らしめるとしたのに対して、穴記「師云」は、明経試等を、必ずしも当日中に終了させなくともよいとする。また公式令12移式条集解所載の穴記（811頁）が、令釈「師説」を引用した後に「師同之」という注記を付しているのも「師説」と「師」とが別の学説であることを示すものであろう。

北條秀樹氏が既に指摘されている如く（「令集解『穴記』の成立」『日本古代の社会と経済』下巻所収、昭和五十三年、吉川弘文館）、穴記に登場する「師云」、「今師」、「後師」等は原穴記に引用されたものではなく、後日、原穴記に追記されたものであった可能性が高い（勿論「師同之」も同様である)。穴記の地の文の後に、「師同此説」、「師不依之」という注記がまま見られるのも、このことを裏付けるものである。また公式令10飛駅上式条集解所載の穴記「私案」に付された「師云。依ニ跡云一。不レ依ニ此説一也」(808頁)という注記からは「師云」が跡記と穴記私案とを比較検討していることが確認出来る(ここでは跡記の解釈を是とする)。

上記の様に、「師」、「師云」は他の学説の是非を論ずることが多いのであるが(その大半は穴記である)、これは「師説」が、他の学説を引用したり、その是非を論ずることがなかったのと対照的である。やはり「師説」は、法解釈の確定をその任とした「令師」の学説として相応しいものであったといえよう。

「師説」が権威ある学説として尊重されていたのに対して、「師云」、「今師云」の場合は、その法解釈自体が、時に「不レ安」(764頁)、「不レ安。可レ反」(785頁)、「私思。未レ安可レ求也」(760頁)の如く、批判の対象となっているのであり、その点からも両者の性格の相違が窺われる。

以上の点を勘案すると、「師」、「師云」、「今師云」、「後師云」等は、「師説」とはまったく性格の異なる注釈であったと考えざるを得ない。これらの学説は、師匠の説く所の一学説といった一般的な意味で用いられたと理解してよいのではないか。穴記のみに登場する「今師云」、「後師云」が、如何なる学説であったのか明言出来ない。けれども『令集解』の文を通じて今に伝わる穴記の説が、複数の筆者によって加筆修正されたものであったとすれば、加筆修正者が、己の師の説を他の師の説と区別する為に「今師云」、「後師云」を用いたと考えられよう。

最後に、「師」、「師云」の特色を一つだけ挙げるとすれば、令釈の法解釈を拠り所として、これを尊重することが顕著な点であろう（これは原穴記の特徴でもある）。具体例をいくつか左に示す。「師同二令釈一」（334頁）、「師。依二令釈本府奏之説一」（677頁）、「師属二心令釈一」（722頁）、「師云。就二令釈一案レ之」（723頁）、「師依二令釈一為レ是」（776頁）、「師従二令釈所レ説了一」（850頁）、「師依二令釈一不レ依二此説一之也」（862頁）。令釈の他に跡記も「師云」の拠るべき学説として挙げられているが、令釈の比ではない。ここでは、穴記「師云」が、令釈の説を重んじながら、跡記、穴記の諸説を比較検討していることを指摘しておく。

四　おわりに

「師説」が古記、令釈に引用される様な、権威ある大宝令の注釈であったの対し、「師」

「師云」の大半は、原穴記の行間や紙背に追記された養老令の注釈に過ぎなかった。

大宝令の注釈書である「師説」が、養老令の権威ある注釈書、令釈に典拠として随所に引用されている点は興味深い。これは養老令の注釈に、大宝令の注釈書である古記が用いられたことと軌を一にするのではないか。大宝律令と養老律令の連続性、一体性は、その注釈のあり方からも指摘出来る様に思われる。

〔新稿〕

変わりゆく律令解釈

宮部香織

解釈とは『広辞苑』によれば「文章や物事の意味を受け手の側から理解すること、またそれを説明すること」を言う。法の解釈と言う場合にはこれと少し異なり、法令の意味を明確にして、その内容が動かないように定めることを言う。この作業は法を適用・執行するために必要なものであり、古くはローマ法の時代から古今東西、法のある所には法の解釈がついてまわった。日本で初めて編纂された体系的な法典大宝律令、これを刪定した養老律令においてもこのことは例外ではない。

律令の注釈書は、現在亡失して残ってはいないが、惟宗直本の選定による『令集解』の中に、様々な注釈書が引用されており、当時の法解釈を垣間見ることができる。これらの注釈書群を見ていくと、法解釈の方法として大きく三つに分けられる。

まず第一は、この『令集解』所載の注釈書の中で最も成立の早い「古記」である。「古記」

は天平十年（七三八）頃に成立したとされる大宝令の注釈書である。この「古記」による解釈は、まず条文中の専門用語や難解な語句・章句に対して語釈を付すということを行っている。これは「文理解釈」という方法であって、法解釈の出発点である。また、「古記」は問答形式を用いて条文に明文規定のない事案にはどう対処すべきかを述べている。その際、多少は令の原意と相容れなくとも、実際の社会に適するような解釈を施していることがある。これを法意を無視した勝手な解釈と一蹴してはならない。これらの解釈は、継受法として中国からもたらされた律令法がぎこちなくではあるが日本で動きはじめ、その動きを滑らかにするための潤滑油の役割を果そうとした苦心の跡と見るべきではないだろうか。この時「古記」が対峙していたのは「法意」と「現実」の二つであり、この二つの距離をうめることが解釈の主たる目的であったようである。

やがて養老律令が天平勝宝九年（七五七）に施行され、今度は養老令の注釈書が次々と作られていくが、第一は、その中でも私撰の注釈書として最も権威ある書とされる「令釈」である。「令釈」は、「古記」よりもさらに徹底した文理解釈により令文の法意を明らかにせんと努め、また他の条文との関係を踏まえた体系的な解釈も行っている。「令釈」は「或説云」として他の解釈を引用した上でこれを「非也（誤りである）」と否定する。これは自己の解釈の正当性を主張するためであり、他説への対抗心の現れでもある。すなわち、「令釈」は「古記」が持っていた視点に「他者（他説）への対抗」という要素を加えたのである。ただし、法文に忠実であろうとするあまり、解釈が現実離れしてしまうという欠点もしばしば見られる。これは他説（主に古記であろうか）とは異なる説を唱えようとしていたことにも一因があるのだろう。

第三は、「令釈」以降の「穴記」「跡記」「讃記」等の諸注釈書である。これらの注釈書は先人の解釈に多く依拠しており、次のような方法で注釈を施している。既存の他の解釈を取り上げる際に、例えばA説とB説の対立する解釈があったとする。それを「A説とB説ではA説に拠るべきであろう」というように従来の解釈の是非を第三者的立場から判断しているのである。また、「A説によれば○○とあるが、B説は□□とある。どちらの解釈を採用すべきか？」と疑問だけを呈して結論にまで言及していない場合もある。これらの注釈書の解釈は、「令釈」のように、まず自説があってそれに対する他説という方法ではなく、すでに存するいくつかの説から、ある法文の解釈として妥当であろうと思う説を取捨選別していく作業に変化してきている。それでも、何とか新解釈を提示しようと奮闘しているものも見られる。しかし、それらは屁理屈やこじつけに近いものが多く、法の解釈として妥当であるとは言えない。

このように注釈書の数が増え、一つの法文に対して複数の解釈が存在するようになると、法を適用する際に混乱が生じ、法的安定性が保たれないという事態に陥ることになる。これは実務面からも、法曹教育の面からも大変都合が悪い。そこで解釈の統一をはかるため、公権的注釈書『令義解』が天長十年（八二六）につくられ、以後法文の解釈はこれに拠るべしとされた。

これで令の解釈は確定されたかと思いきや、『令義解』の解釈をめぐってこれをさらに解釈するものが現れたり、社会状況の変化に応じて解釈も変化させる必要が出てきた。このように書くと何やら『令義解』撰定の作業が全くの徒労であったかのように思われるかもしれないが、そうではない。以後の史料においては、『令義解』の解釈を無視するのではなく、他の注釈書の解釈とは別格の扱いとしていたようであり、何らかの拠り所として機能していた様子がうかがわれる。

明治時代になり、「帝国憲法」「皇室典範」に各々義解がつくられた。この両義解は条文の起草理由を説明したものであり、『令義解』とはその由来が異なる。しかし、後に様々な解釈を生じさせない為という目的においては、『令義解』と似通った性格を有していると言える。

今日の法律においては、通説とみなすべき解釈はあるものの、義解のような公的基準となる解釈は存在しない。そこで、法を運用する者には、拠り所となる公的基準の代りに法的安定性と具体的妥当性の両者を統合するバランス感覚が必要とされるであろう。

〔原載―國學院大學日本文化研究所報二二三号、平成十三年十一月〕

奴婢は奴隷か

榎本淳一

はじめに

日唐律令規定の比較を通じて、主として日本古代の奴婢の性格について卑見を述べたいと思う。私見を述べる前に、奴婢の性格については多くの先行研究が存在するので、代表的なものを取り上げる形で研究史に簡単に触れておきたい[1]。

一　奴婢の性格をめぐる研究史

（1）　先駆的研究

最初に取り上げるべき研究は、瀧川政次郎『日本奴隷経済史[2]』である。本書は、奴婢の法制度上の性格を初めて本格的に論じたもので、現在も参照・依拠される古典的な研究である。官・主が中古の賤民に対し所有権に等しい権利を有していたかという観点から、その使用権・収益権・処分権などを分析・検討し、五色の賤のうち陵戸を除いた賤民（官戸・家人・公私奴婢）は奴隷であることを述べている。

瀧川氏には『律令賤民制の研究』[3]もあるが、本書において賤民の法的性格として「人」と「物」の両面があることを述べていることが注目される。恐らく、後述の仁井田陞・濱口重國両氏の影響を受けたものと考えられる。

（2）仁井田・濱口論争

仁井田陞『支那身分法史』第八章「部曲・奴婢法」[4]は、西洋古典古代の奴隷との法制度の比較・検討により、中国（東洋）の奴隷（奴婢）の特質を明らかにした、現在の研究の基本をなす重要な業績である。仁井田氏は、中国や日本の奴婢の法的性格は「半人半物」であり、物的性質と人的性質の両面をもつことを指摘された。

濱口重國「唐法上の奴婢を半人半物とする説の検討」[5]は、仁井田氏の「半人半物」説を批判したもので、主奴関係においては奴婢は「物」的本質だけで規定されているが、王道・王法（国家君主）の下では奴婢も「人」としての資格が与えられているとする。なお、濱口氏のこの見解は、氏の大著『唐王朝の賤人制度』[6]に基本的に継承されている。この後、両者の間でしばし論戦が行われたが[7]、仁井田氏の死去（一九六六年）により、その帰結は不明確なものとなった。しかし、両氏の見解はともに奴婢の「人」と「物」という両面性を指摘した点において共通するものである。

（3）　発展段階説（社会構成史論）における研究

上記の法制史的な研究とは別に、マルクス主義的歴史研究の立場からも、奴婢の性格についての検討が行われた。その中で、戦後のこの方面の研究に多大な影響を与えたものとして、石母田正「奴隷制についての一考察」[8]がある。石母田氏が主に取り上げたのは日本の奴婢の上級身分とされる家人についてであった。家人の存在形態の分析から、保有地と私業を有するコローヌス的な存在とみなし、奴隷からコローヌス、コローヌスから農奴へという進化の過程を提示した。

その後、石母田氏の説をめぐり多くの批判的検討が行われたが、その最も重要な成果は吉田晶『日本古代社会構成史論』[9]で、日本古代奴婢の存在形態が家人的形態をとることを明らかにされた。なお、この奴婢の家人的形態という説に対しては、神野清一『日本古代奴婢の研究』[10]のように否定的な見解もある。

（4）　家族史・氏族研究からの視点

以上の研究史の流れにおいては、奴婢の性格の具体的な規定においては様々な違いがあるにしても、「奴婢＝奴隷」と理解する基本線に違いはない。ところが、一九八〇年代に入ると、家族史や氏族研究の立場から「奴婢＝奴隷」というそれまでの基本的理解そのものを疑う見解が出されるようになる。その代表的なものとして、関口裕子「家父長制家族の未成立と日本古代社会の特質について」[11]と義江明子『日本古代氏の構造』[12]がある。ちなみに、神野清一『律令国家と賤民』[13]は、「奴婢＝奴隷」という立場からこれらの見解に反論している。

日本古代史研究の現状ではなお「奴婢＝奴隷」という理解が大勢を占めていると思われるが、私見は関口・義江両氏の考えに近い。両氏の見解をふまえ、これまでの私の研究成果をもとにこの問題について些か述べてみたいと思う。

二　私見について

（1）奴婢の口分田について

唐制と違い日本令では奴婢に口分田の班給が規定されている。これを名目的なもの（実際は主人への給付）と考えるか、実質的なもの（奴婢の保有地・占有地）と考えるかで、奴婢の性格の捉え方が大きく異なってくる。北魏の均田制における奴婢・耕牛への班給と同様に考える論者もいるが、北魏の影響を他に確認できず、従うことはできない。官奴婢に関していうならば、充役時のみの給粮が規定されていることから充役時以外は口分田耕作により自活することが令意と考えられ、官奴婢の口分田は実質的な支給であったと考えられる。[14] 私奴婢の場合は直接の明証はないが、私奴婢と同様に良人の三分の一の口分田を与えられた家人の私業がほぼ三分の一の労働力で行われていたことから、やはり実質的な班給であったことが類推できると思う。

（2）奴婢の婚姻について

従来、唐制では奴婢には同身分間なら婚姻が認められると理解されてきたが、これは仁井田陞氏の唐令復原の誤りによるものであり、実際には婚姻は認められていなかったと考えられる。唐代の奴婢には生殖のための配偶という形でしか男女の結びつきが認められておらず、その配偶を行う権利は官・主にあった。それに対し、日本令では同身分間ではあるが奴婢の婚姻が認められていた他、唐令にあった官による官奴婢等に対する配偶規定が削除されており、唐に比べ奴婢の「人」的な性格がかなり明瞭に伺える。[15]

（3）奴婢の身分標識について

人を奴隷（物）たらしめる背景には差別意識が存在していたと考えられるが、その差別の対象を明示する装置として身分標識がある。唐代の私賤人の服色はこれまで良人と同じく黄・白と考えられてきていたが、実は青碧《しょうびゃく》の通服が制度的に規定されており、良賤の区別が視覚的に確認できるようになっていた。ところが、日本令においては、私賤民の服色は「朝庭公事」にのみ橡墨衣を着用する規定となっており、通常の社会生活においては奴婢を識別する手段は一般的には存在しなかった。

また、唐代の官奴婢には刺字の先駆的な入れ墨が施され、私奴婢には主人により私的に入れ墨が施されており、身体に刻みつけられた入れ墨によっても奴婢であることが分かるようになっていた。ちなみに、中国では入れ墨は化外人や罪人など礼的秩序外の存在の象徴であった。日本の奴婢にはそのような差別を明示する手段も存在せず、唐の奴婢との性格の違いがはっきりと示されている(16)。

（4）財産としての奴婢について

唐代の奴婢は財産としての性格が律令上にはっきりと規定されているが、日本古代の奴婢については義江明子氏の戸令応分条の研究(17)のほかその財産としての性格を否定する見解がいくつか出されている[18]。日唐喪葬令身喪戸絶条の比較などによっても、日本の私賤民が財産とは異なる性格が窺われる。確かに、日本の関市令にも奴婢の売（買）規定が存在するが、それが唐令と同じように機能したか（例えば、永代売買を意味したのかなど）は十分検証する必要があるであろう。ちなみに私見では、人身の永代売買、財産としての相続が行われるのは、院政期以降と考えている[19]。

おわりに

日本古代の奴婢は隷属民の一種であることは間違いないが、口分田を有し、婚姻をなし、差別の対象ともならず、財産とはいいがたい存在であり、その意味で「人」としての性格を明らかにもつものであったと考える。

日本律令の奴婢規定には唐律令の規定を直写した部分もあるが、唐の規定を改変して他と矛盾する規定を設けた部分も存在する。そうした相矛盾する規定を解釈する場合、やはり敢えて唐制を改めた規定に日本律令編纂者の真意があると考えるべきであろう。

註

（1）日本古代の奴婢全般に関する研究史の整理としては、神野清一「日本古代奴婢に関する研究史的整理」（『中京大学教養論叢』三四－二、一九九三年）がある。

（2）瀧川政次郎『日本奴隷経済史』（刀江書院、一九三〇年）。

（3）瀧川政次郎『律令賤民制の研究』（角川書店、一九六七年）。

（4）仁井田陞『支那身分法史』（東方文化学院、一九三七年）。

（5）濱口重國「唐法上の奴婢を半人半物とする説の検討」（『史学雑誌』七二－九、一九六三年）。

（6）濱口重國『唐王朝の賤人制度』（東洋史研究会、一九六六年）。

（7）濱口氏の批判に対する仁井田氏の反論には、「唐代法における奴婢の地位再論」（『史学雑誌』七四－一、一九六五年）がある。

（8）石母田正「奴隷制についての一考察」（『経済史研究』二八－五・六、一九四二年。後に「古代における奴隷の一考察」と改題され、著書・著作集に収載される）。

（9）吉田晶『日本古代社会構成史論』（塙書房、一九六八年）。

（10）神野清一『日本古代奴婢の研究』（名古屋大学出版会、一九九三年）。

（11）関口裕子「家父長制家族の未成立と日本古代社会の特質について」（『日本史研究』二四七、一九八三年）。

（12）義江明子『日本古代氏の構造』（吉川弘文館、一九八六年）。

（13）神野清一『律令国家と賤民』（吉川弘文館、一九八六年）。

（14）榎本淳一「律令賤民制の構造と特質」（池田温編『中国礼法と日本律令制』、東方書店、一九九二年）。

（15）榎本淳一「唐戸令当色為婚条をめぐる覚書」（小田義久先生還暦記念事業会編『小田義久博士還暦記念東洋史論集』、龍谷大学東洋史研究会、一九九五年）、「唐日戸令当色為婚条について」（佐伯有清編『日本古代中世の政治と宗教』、吉川弘文館、二〇〇二年）。

（16）榎本淳一「日唐賤民の身分標識について」（笹山晴生編『日本律令制の構造』、吉川弘文館、二〇〇三年）。

（17）註（12）参照。

（18）例えば、明石一紀「古代・中世家族論の問題点」（『民衆史研究会・会報』二三、一九八五年）は、家父長制支配の指標とされる奴婢所有の問題を取り上げ、通説への疑問を呈している。

（19）榎本淳一「日本古代の人身「所有」について」（東京大学大学院人文科学研究科一九八五年度提出修士論文、未発表）。

〔原載－國學院大學日本文化研究所報二三二号、平成十五年五月〕

律令制下の判事局について

長谷山　彰

はじめに

律令国家の司法を担当する刑部省には四等官とは別に判事局が置かれている。判事は令制当初から裁判実務に当たっており古代の裁判制度を考える上で重要な官職であるが、これまでその職制について本格的にとりあげられることが少なかった。布施弥平治氏は『明法道の研究』（一九六六年）の中で、「判事は刑名を定めたり訴訟を裁決したりする権能がなく、あくまで解部のうえにたち、争訟の問窮の当否を調べる刑部省の下役である。」とされている。

しかし、実際には判事は刑部卿と並んで罪名の断定にあたる重職で初期には藤原不比等を初めとする藤原氏出身の官人や文章に練達した能吏が任命されていた。摂関期には明法博士が大判事を兼帯する慣例が成立している。

一　刑部省における判事局の地位

養老職員令刑部省条によれば令制の刑部省には四等官として卿・輔・丞・録が置かれ、これとは別に品官として法解釈に当たる大・中・少判事・大少属、及び被疑者の取り調べにあたる解部があり、これらは大判事を頂点として刑部省内の別局を構成していた。刑部卿の職掌に「定刑名」、大判事の職掌には「断定刑名」がある。刑部卿と判事の職掌が法文の上で一見重複するのは唐制継受の際の事情による。唐制では尚書省刑部に尚書、侍郎、郎中、員外郎が置かれ、大理寺には卿、少卿、正、丞が置かれ、法文では刑部侍郎と大理卿の職掌に「定刑名」が含まれている。唐制では裁決にあたって長官、通判官、判官による三判制がとられるが、刑部では長官が刑部尚書、通判官が刑部侍郎、判官が刑部郎中及び員外郎である。また大理寺については名例律同職犯公坐条によって大理卿が長官、大理少卿及び大理正が通判官、大理丞が判官とされる。唐制の刑部と大理寺の官制上の位置付けを見ると尚書省六部の一つである刑部が大理寺の裁判を監督する構造になっている。

これに対して日本の刑部省は唐制の尚書省刑部と大理寺の機能を一官司に統合して成立し

たと考えられている。しかし一方で、尚書省刑部の機能の重要な部分が日本では太政官に付与された。養老獄令と唐獄官令を比較してみると日本令で刑部省とあるところは唐令では大理寺とあり、唐令における尚書刑部は養老令では、ほぼ太政官と置き換えられている。刑部省は名称においては唐の尚書省六部の一つである刑部を範としているが、機能的な面では大理寺の影響を受けていると考えられる。そして大判事は大理卿に相当するとみなすべきである。ちなみに『拾芥抄』では大判事を大理正に比定するが、大理正は職掌上は通判官で長官たる大理卿と同様断罪を行えるものの、その地位は大理卿、大理少卿の下に位置し、官職の等級においても従五品下で判官である刑部郎中の従五品上よりも低い。これに対して、日本の大判事は正五位下で刑部省次官の大輔と位階の上で同格とされているのである。また大判事の「定刑名」は唐制では大理卿の職掌とされているものである。刑部省の内部でいえば刑部省本省と判事局はそれぞれ尚書刑部と大理寺の系譜を引いて一応独立して職権を行い、最終的には刑部卿が判事局を監督する形になっていたと思われる。しかし、太政官との関係でいえば、尚書省刑部が行政部門として大理寺を監督する体制が日本では太政官による刑部省の監督に置き換えられている。つまり唐制の尚書省刑部の機能は日本では太政官と刑部省本省に分散して付与されたのであって、結果的に刑部省本省の役割は形式的なものに留まり、判事局の存在感が増しているといえる。

二　令制刑部省と判事局の成立過程

次に令制刑部省の成立過程をみると、その画期は浄御原令施行前後の時期に求められる。『日本書紀』持統天皇三年二月己酉条には「以浄広肆竹田王・直広肆土師宿祢根麻呂・大宅朝臣麻呂・藤原朝臣史・務大肆當麻真人桜井、與穂積朝臣山守・中臣朝臣臣麻呂・巨勢朝臣多益須・大三輪朝臣安麻呂、爲判事。」とあって持統朝に判事を多数任命したことが知られる。諸王や大化前代からの大和の伝統的豪族が任じられていること、また後に律令官僚として活躍する藤原不比等が任命されているなど持統朝の判事は刑部省の司法事務の主要部分を担当する官職であったと思われる。また持統天皇四年正月丁酉条には「以解部一百人、拜刑部省。」とあり、刑部省に被疑者の問糺にあたる解部を大量に配している。持統朝に判事と解部によって裁判実務を処理する体制が確立し、後の大宝・養老令制に引き継がれたが、その際、先行して活動していた判事・解部による裁判の伝統を評価して、四等官とは別に判事を頂点とする別局を設置したと推測される。このような成立事情から判事局が他省の品官にはみられない独立性をもち、大判事の地位も刑部省次官である大輔と同格とされたのであろう。

そして大宝令施行以後も判事が刑部省内の裁判を中心とする司法行政の中心となっていた可能性が高い。持統三年に判事に任命された者達のその後の官歴を辿ると、全員が五位以上に昇叙し、官職では中臣臣麻呂が左大弁、中納言、神祇伯を歴任し、巨勢多益須は式部卿、大宰大弐、大神安麻呂は摂津大夫、兵部卿となっている。いずれも大宝令施行後の律令官僚制において行政の中核を担う立場についているが、特に藤原不比等が判事に任命され、後に大納言として大宝律令編纂に参画したことは判事の位置付けに大きく影響したと思われる。その後も奈良時代を通じて、判事には藤原氏出身者や大学出身で判文の作成などに適した練達の吏が任命されている。奈良時代の判事経験者の多くはその後、八省卿や参議、中納言などに就任し、或いは大臣に昇るなどしている。奈良時代までの判事は裁判実務を統轄すると同時に、刑部省の司法行政一般にも関与しうる地位にあり、行政上の実務能力を有し、将来律令官僚として昇進が期待できる有望な官人が任命される慣例ができていたといえる。

三　平安時代における判事と明法道

平安時代に入ると判事はより法律専門職に特化した存在に変化してゆく。またそれに伴って律令国家の裁判全体、特に太政官による裁判への判事の関与度も増してゆく。平安時代には明法博士が大判事を兼帯することが慣例となり、大判事は明法家の極官となったが、その起源はすでに奈良時代にみえる。元々明法博士の職自体は令外官であり、その職掌は制度上、裁判などの国家の司法活動に関わるものではない。神亀五年（七二八）に置かれた当初の律学博士は大学寮に置かれ、その職掌は律令の講授や明法生、明法得業生の奉試の博士となることなど大学の博士として教育的内容を主としていた。それにもかかわらず奈良時代から平安時代にかけて明法博士が次第に裁判において中心的役割を果たすようになるのは、刑部省官人への任用、特に判事職の兼官が契機になっていたと思われる。

摂関期には法家勘申に基づいて公卿が罪名定を行う形態が定着するが、これも律令制下の太政官裁判の伝統を背景にしたものと考えられる。しかし、陣定と律令太政官合議制は原理的に異なるものとされてきた。令制では流以上の断罪は太政官が論奏によって天皇に奏上し裁可を得ることになっているが、公式令の規定によれば論奏には太政官全員の署名が必要であり、合議制のありかたとしても全員一致を要したとみなされている。それに対して陣定では必ずしも公卿全員の意見が一致する必要はなく、審議の結果を記して天皇に提出する定文にはそれぞれの意見が並立的に記されていた。従って、全員一致を要する律令制の合議制と一致を要しない陣定は原理的に異なる合議制だというのである。だが、断罪に関していえば論奏には必ずしも全員一致を要しない。獄令犯罪応入条により六議の者の犯罪や天皇に奏上して裁可を受けるべき犯罪で処断について疑義がある場合、大納言以上の太政官人と刑部卿以下の刑部省官人が集まって合議するが、そこで異論があれば別奏することが可能である。『日本三代実録』仁和二年五月十二日条によれば岩見国迩摩郡の郡司等が国司を襲撃した事件で処断をめぐって事態が紛糾した際、公卿の中で在原行平と橘広相の二人が論奏に連名せず別奏している。一般の論奏事項とは異なり、流以上の断罪については異論があれば複数の意見をそのまま天皇に提出することが律令の規定で認められており、実際にも行われていたのである。さらに太政官による特別裁判の会議体の中に刑部卿と並んで判事が入っていることも注目すべきである。つまり、法曹官僚の意見を徴しながら太政官が判断を下す制度になっているのである。摂関期において太政官による裁判は陣定の一種である罪名定の方式で行われており、法家勘申をもとに公卿が結論を出し、意見が分かれれば両論併記の定文が作成されたが、このような裁決方式は既に律令法文の中にその祖型が内包されていたことが認められる。

おわりに

令制の判事局は唐制の大理寺の機能を継受し刑部省の中核となる部署であった。明法道出身者は判事局を核とする刑部省官人となることで法曹官僚としての活動領域を拡大していったと考えられる。摂関期に明法博士が大判事を兼帯する慣例が成立するのもそのような事情が背景にあったからであろう。

〔原載―國學院大學日本文化研究所報二三五号、平成十五年十一月〕

〔補記〕本報告を基にした論考は拙著『日本古代の法と裁判』(創文社、二〇〇三年)に収載された。

風土記と律令

高藤　昇

はじめに

「風土記と律令」という題は含む問題が大きい。従って本稿では限られた紙幅でもあり、その一部分を概説するに止めたい。

「風土記」の研究者が「風土記」と呼ぶ時には、種々の問題はあるけれども、一般に、『続日本紀』の元明天皇の和銅六年五月甲子（二日）、西暦七一三年の条に見える官命に応じて上進されたと考えられる五国風土記、常陸・播磨・出雲・肥前・豊後の各国風土記を指すもので、これを「古風土記」と言い、これに「古風土記」と同じ成立要件を具えると考えられる諸書に引用されてある逸文を加えて取扱っている。

風土記は地誌と考えてよいわけであるが、その成立には、わが国の側から言えば、大和朝廷による中央集権国家の確立期に際して、文運の興隆と共に歴史、地理、法制等の編纂が次第に活発となり、それらが又互に影響し合いながら更に発展していったものと言うことができる。

推古天皇十年（六〇二）、百済僧観勒が来朝して、暦本及び天文地理書、ならびに遁甲方術の書を貢したことは、大陸からの地理書の伝来を語っているが、皇極天皇の大化二年（六四六）八月十四日の条に、発遣される国司、並びにその国の国造に対して、「宜しく国々の壃堺を観て、或いは書し、或いは図し、持ち来りて示《み》せ奉れ、国県の名は来る時に将に定めむ」とあることや、孝徳天皇の白雉五年（六五四）二月紀に、遣唐使が唐の天子にまみえ、東宮の監門郭文挙の問いに応じて、日本国の地理及び国初の神名を悉く答えたとあることは、わが国における歴史や地理の発展を物語る具体的な記事例であると言える。

しかしながら、先述の百済僧観勒の「天文地理書」の貢上の例にも見られるように、大陸の地誌の影響は極めて大きい。

中国の地理書がわが国の地誌・地図の成立に与えた影響や関係については、小島憲之博士の名著『上代日本文学と中国文学』の上巻の「風土記の述作」（昭和三十六年・塙書房）に詳細であるから、むしろ該書を参看せられたいが、その中でも、隋書経籍志の中に、「風土記三巻晋平西将軍周処撰」とある周処の風土記の名称は大きな影響を与えたと諸家は指摘している。
中国の地理書には風土記の他にも、記・地記・地志・郡記・国記・図経・異物志・風俗伝・風俗記・地理志・水土記など数多くの名称があるが、わが国では「風土記」の語が地理書として最もふさわしいとして定着したのであろう。

一　風土記の成立

上記のとおり、わが国では地誌としての風土記が成立するのであるが、その成立にあたって重要な記事が周知のように二つある。
第一は、元明天皇の和銅六年（七一三）五月甲子の『続日本紀』の記事で、次のように記されている。

　五月甲子。畿内七道諸国郡郷の名は好字を著けよ。其の郡内に生ずる所の、銀・銅・彩色・草木・禽獣・魚虫等の物は、具《つぶ》さに色目に録せ。及び土地の沃堉、山川原野の名号の所由、又、古老の相伝うる旧聞異事は、史籍に載せて言上せよ。

第二に、和銅六年以後一二年を経た延長三年（九二五）十二月四日、『類聚符宣抄』第六、

及び『朝野群載』巻二十一に次のような太政官符が見えている。

太政官符　五畿内七道諸国司早速、風土記を勘進すべき事

聞くが如くんば、諸国に風土記の文有るべし。今左大臣の宣を被むるに称く、宜しく国掌に仰せて勘進せしむべし。若《も》し国底に無くんば、部内を探求し、古老に尋問して、早速に言上せよ者《てへ》れば、諸国承知し、宣に依りて之を行なへ。延廻することを得ざれ。符到らは奉行《ぶぎょう》せよ。

というのである。

第一の続紀の和銅の官命も、元来は第二のような形式に従って発せられたと思われるが、問題は現伝五風土記や逸文は、この二つの官命とどのように関係するであろうか。これにも諸家の説は区々であるが、殊に延長三年の官命と現伝風土記との関係は論議が明確になっていない。これについての私説は別に稿を改めることにしたい。

二　風土記の撰進と解文の問題

延長の太政官符に対して、命ぜられた五畿内七道諸国司は、当然、中央官庁に対しては

「解文」を以て答えることになる。その「解式」は、『令義解』や『令集解』の「公式令」に明らかである。

これについて現伝五風土記では、常陸国風土記が冒頭に「常陸国司解　申古老相伝旧聞事」と記している。これは「解式」の様式にかなっている。しかしながら巻末の様式は「解式」に定められているように、

其事云々。謹解

や「年月日」、撰進した国司以下諸職の官位姓名は欠けている。

ある学者は、巻末の多珂郡の末尾に「以下略之」とあることから、これが省略されたかも知れぬという解釈をとっている。

播磨国風土記は巻首を欠いているが、賀古郡鴨波《あはは》里の舟引原の条に、「……又事与上解同」とあって、「又、事は上の解と同じ。」と訓まれ、この風土記が解文であったことを示しているが、巻末の美嚢郡の後に「解式」の様式が見られない。

肥前・豊後の両風土記に至っては、九州諸国風土記が太宰府によって総括されて編纂されたとの解釈が定説となっているが、両国共に「解式」とは全く無縁である。

ところで出雲国風土記の場合はどうであろうか。「解式」の様式から考えてみることにし

よう。

出雲風土記の巻首には解文の文辞は見られない。巻首には先ず「出雲国風土記」と諸本が同形式で記していて、それに続けて、

国の大体は、東《ひがし》を首《はじめ》とし、坤《ひつじさる》を尾《おわり》とする。東と南とは山なり、西南は海に属《つ》く。東西一百卅九里一百九歩、南北は一百八十三里一百七十三歩なり。

と地理志らしい形式で始まっている。

「解式」の体と見られるのは巻末に、

天平五年二月卅日　勘造

秋鹿郡人　神宅臣全太理国造帯意宇郡大領外正六位上勲十二等　出雲臣廣嶋

とあって、全太理《またたり》は最終筆録者名であり、出雲の国造廣嶋の官位姓名が記され、それは年月日の記載と共に「解式」にかなっている。更に各郡の記事末尾には、郡司・大領・少領・主政などの官位姓（名を欠く）がそれぞれ記されている。これは各郡ごとに筆録されたことを示すと考えられている。

この記述様式は巻首を除いて、郡末、巻末は一見「解式」に従っているように考えられるが、大きな点から考えれば、第一に、この風土記が国司ではなく国造によって撰修された理

由は何故であろうか。第二に、国造の官位姓名は記されているが、国庁の当然連署すべき官人の名が見られないのはなぜであろうか。第三に、各郡の官人の官位及び姓は見えるが、名を欠くのはなぜであろうか。更に第四に、巻首が解式の様式に依らず、「出雲（国）風土記」と記された写本が伝本の全てに共通しているのはなぜであろうか、等の疑問が存在する。

これらの一々について詳しく記すことは紙幅が許さないが、第一の、出雲国風土記の編纂責任者が出雲国造出雲臣廣嶋であることについては検討を要すると思う。

『国司補任』（続群書類従完成会刊）によると、天平五年二月当時の国司は不明だが、六・七・八月頃には介に巨勢首名が、掾に石川朝臣足麻呂、目は小野臣洲麻呂で、史生は二名が在職したと推測される。出雲国司が上進することは当然であり、秋鹿郡人である神宅臣全太理にしても少くとも当時、秋鹿郡の主帳以上の主要官人ではなかったようだ。

このように考えると、出雲国風土記の撰上は、本稿の「はじめに」で記した大化二年八月十四日に発遣される国司、並びにその国の国造に対して命ぜられた「国々の壃堺を観て、或いは書し、或いは図し、持ち来りて示せ奉れ、云々」とある「国造」が、出雲国の場合には大化前代からの豪族国造として、出雲国風土記の撰録に当ったのかも知れず、巻末の「解式」に近い書き様は、本風土記が解文として撰進されたことを示すのかも知れない。しかし、和銅六年の官命から二十年余を経過していることと言い、大きな疑問が残っている。

　こうした問題は改めて論じたい。

　それにしても、解文としての風土記の上進が当然のことであるに関わらず、現伝風土記はその名残りを留める記載があるものの、解文の形としては正確には伝わらず、むしろ、地誌として独立成文化する傾向を示すのが実際である。

三　神亀三年の民部省の口宣

　出雲国風土記の「総記」の末尾に神亀三年の民部省の口宣と称されるものがあり、それは郷名の字を改めたというものである。神亀三年（七二六）は聖武天皇朝のことであるが、この民部省の口宣は出雲国風土記以外には見られない。

　郷の名の字を改めるというのは、先の和銅六年の官命に記されてある「好き字を着ける」ということと同じで、地名の文字に好いものを用いるということと解されている。

　こうした好字、嘉名を用いることも前述の小島憲之博士の著書中にある通り、漢書、後漢書、文選などから諱や悪名を避けた改名や改字の例が挙げられているが、和銅の官命、神亀

三年の民部省の口宣に続いて、延喜民部省式でも、
　凡そ諸国部内、郡里等の名は、並《す》べて二字を用い、必ず嘉名を取れ

と記しているから、やはり大陸の地誌の影響を濃く受けていると見るべきであろう。

神亀三年の好字改名の口宣を受けて出雲国風土記では、和銅時の用字を二十八例ほど改めている。二・三その例を挙げると次の通りである。

　意宇郡　社里→屋代郷
出雲郡　志刀沼里→漆沼郷
飯石郡　井鼻志里→飯石郷
大原郡　樋里→斐伊郷

又、これは播磨国風土記にも十七例ほど見られるが、この風土記の場合には、改名字された干支年を記すものがある。

　一つは宍禾郡石作里で、
石作里。本の名は伊和。土は下の中。石作と名づくる所以は、石作首等此の村に居る。故《かれ》、
　庚午の年、石作里と為す。

とあって、庚午は天智天皇九年（六七〇）とされている。

二つめは揖保郡少宅里で、

少宅《おやけ》里。本の名は漢部里。土は下の中。漢部と号くる所以は、漢人此の村に居りき。故に以て名と為す。後に改めて少宅と曰う所以は、川原若狭の祖父《おほぢ》、少宅の秦の公の女を娶りぬ。即ち其の家を少宅と号く。後に若狭の孫智麻呂、任けられて里長と為る。此れに由りて、庚寅の年、少宅里と為す。

で、庚寅は持統朝四年（六九〇）とされている。

庚午の年には庚午年籍が、庚寅の年には庚寅年籍が造られていて、これも律令を考える上で注意してよい地名の改変である。

播磨国風土記について他の地名の用字の改変を見ると、これは出雲国風土記に見られる単なる音通による改字とは異なるものが多い。一・二例を示すと次の通りである。

印南郡　瓶落→含芸里

餝磨郡　私里→少川里

宍禾郡　庭酒→庭音村

の如きで、これは単なる二字嘉名好字による改変とは考えられず、全く異なった次元に立つものである。従って、神亀三年の民部省の口宣によるものとは、詳説の紙幅を得ないが言えない。

四　霊亀元年の式による改里為郷

出雲国風土記には今一つ重要な改里為郷の式が見えていて、他の文書には見えぬが、行政区画単位の名称の里を神亀元年（七一五）に郷と改めたものとして注目する必要がある。そして、郡・里か或いは郡・郷・里の記載方式をとっているかで、霊亀元年以前か以後かの区別の基準ともなっている。

これを風土記について見ると、常陸国風土記では、行方郡伊多来郷・当麻郷、久慈郡太田郷を除いて全て「里」が用いられ、播磨国風土記では全て「里」を用いて例外はなく、出雲国風土記では全て「郷」に統一されており、肥前・豊後の両国風土記も全て「郷」が用いられている。逸文については各条の検証を私自身が終わっていないので省略しておきたい。

むすび

以上で与えられた紙幅は尽きてしまった。書き終えなかったことが多すぎる。殊に律令格式と風土記との関係で論及すべきことも記すことができなかったが、意外な程に律令と風土記との両者の間には考究すべきことが多いのである。

本稿では従って、「解式」と風土記との関係、神亀三年の民部省の口宣、霊亀元年の改里為郷の式の三者についてのみ概説するに止めた。

（付記）

本稿は平成元年十二月十六日に「律令研究会」の十二月例会で、同じ題目で行った発表の一部である。

（平成二年二月二日）

〔原載―國學院大學日本文化研究所報一五三号、平成二年三月〕

律令制下の武具

――『国家珍宝帳』の解釈を中心として――

近藤好和

軍事国家たる律令制下の武具の具体像を知る根本史料に『国家珍宝帳』（珍宝帳）と正倉院遺品（院蔵品）がある。ここでは、これまでの研究成果によりつつ、珍宝帳の記述を院蔵品と併考して解釈したい。

珍宝帳は天平勝宝八歳（七五六）六月二十一日、聖武天皇の七七日に、光明皇太后がその遺愛品六百余点を東大寺に献納した際の目録で、三分の二が武具である。具体的には大刀《たち》・弓・箭《や》・甲《よろい》が各百単位で記され、個々に詳細な注記がある一方、記述に不統一な面や誤謬もある。また珍宝帳の武具の大半は、天平宝字八年（七六四）九月の恵美押勝の乱で内裏に一括献納され、その後は未返却で、珍宝帳と院蔵品はごく一部を除いて一致しない。しかし、院蔵品が奈良時代の武具であることは異論がなく、珍宝帳の記述は院蔵品で理解できる。

さて、珍宝帳の武具はまず「御大刀壹佰口」。内訳は剱《たち》三口・唐《から》大刀一三口・唐様《からよう》大刀六口・高麗様《こまよう》大刀二口・大刀六四口・懸佩刀《かけはきとう》九口・横刀《たち》一口・杖刀《じょうとう》二口で、各々が主に金物の材質で名称される。注記は概ね刃長・鋒《きっさき》・把《つか》・外装金物・懸《かけ》・帯執《おびとり》・帯・袋の順で、一部に刀身の彫や象嵌、鞘の装飾等が加わる。例えば金銀鈿荘唐大刀では「刃長二尺六寸四分、鋒者両刃、鮫皮把、作山形・葛形裁文、鞘上末金鏤作、白皮懸、紫皮帯執、黒紫羅帯、緋地高麗錦袋浅緑綾裏」とある。この大刀は該当する院蔵品があり、注記が直接理解できる数少ない例である。

解釈の前提として、当時の大刀の基本的な部位名称を概観したい。まずは把。把の先端部やその金物を扼《くびがね》、扼から垂れる緒を懸、懸を通す孔にはめ込む筒金物を眼という。懸は把を握る際に手首に通した脱落防止の緒で、眼は把と刀身の茎《なかご》を留める目約《めぜめ》（目釘《めくぎ》）の役割を兼ねる。院蔵刀身の茎尻《なかごじり》の大孔が眼に対応する。鞘では、大刀を佩くための一対の装置を帯執、鞘尾《さやじり》の金物と帯執との間に約《せめ(がね)》がある。帯執は金物と緒に分かれ、通常注記は緒だけである。その帯執緒に通して腰にめぐらす緒が帯である。

さて、金銀鈿荘とは、金物が銀地金鍍金で水晶等が嵌装されていることをいう。刃長は茎を除いた刀身の寸法。「鋒者両刃」は鋒だけが両刃《もろは》である鋒《きっさき》両刃《もろは》造《づくり》をいい、両刃に対して

「鋒者偏刃《かたば》」があり、これは切刃《きりは》造《づくり》や平《ひら》造《づくり》をいう。鮫皮把《さめがわづか》は滑り止めに白鮫皮で包んだ把。院蔵品では、懸は孔ではなく、鐶《かん》を設けてそこに通し（それも眼という）、別に目約があり、把には指型がある。「作」は金物の作りで、ここは金銀が脱か。山形《やまがた》は帯執金物上部の山状に突出した部分。「葛形《つづらがた》裁文《さいもん》」は金物が唐草状に透彫されていることをいい、院蔵品によれば長《なが》金物となる。末金鏤《まつきんる》は原初的な研出し蒔絵。院蔵品では黒韋包の鞘に末金鏤し、他の院蔵大刀の鞘も概ね黒韋包のため、珍宝帳の鞘も、注記のないものは黒韋包であろう。なお別の唐大刀には「龍鱗葛形平文《ひょうもん》」等の注記もある。この平文は鞘の装飾ともみられるが、裁文と対になることを考えれば、金物の彫り物を現す可能性もあろう。

この唐大刀は舶来の新様式の大刀で、鋒両刃・鮫皮把・山形・長金物等を特徴とする。また珍宝帳では注記されないが、細長い分銅形の唐鐔《からつば》の使用も特徴で、この唐大刀の様式が十世紀以降に儀仗《ぎじょう》化して餝剱《かざりたち》となる。唐様大刀も唐大刀と特徴は同様で、唐大刀様式で国内で製作された大刀らしい。

高麗様大刀は、刀身の茎尻を環状に丸めたり、柄頭《つかがしら》に環状の透し金物を加えた環頭《かんとう》大刀で、前者（素《そ》環頭《がんとう》大刀という）は、弥生時代後期に舶来された大刀様式である。もっとも数が多いのが大刀で、把は木地把が多く、樺等の巻把が次ぐ。鞘は籐巻もあるが、それらは黒韋包ではなかろう。この大刀様式は院蔵の銅漆大刀や黒作大刀に該当しよう。ただ、院蔵品の多くは糸巻把・黒韋包鞘で、これらが当時一般的な大刀様式のようだが、金物等の様式は古墳時代後期の方頭《ほうとう》系大刀の継承である。懸佩刀は、「帯執環《かん》」の注記から帯執金物上部にバックル（鉸具《かこ》）が付き、帯執緒に孔を開け、ベルト式に取り付ける大刀らしい。この様式の大刀は、院蔵品にはないが、東大寺大仏殿須弥壇下出土遺物のなかに二点みられる。横刀は刃長一尺四寸七分で、狭義では短寸の大刀をいい、院蔵品でも短寸のものを横刀とする。ただし、広義では横刀と大刀に区別はない。杖刀二口は唐大刀同様に該当する院蔵品があり、後世のいわゆる仕込み杖様式である。

次は「御弓壹佰張」。内訳は梓《あづさ》弓八四張・槻《つき》弓六張・阿恵《あえ》弓一張・檀《まゆみ》弓八張・肥美《ひみ》弓一張で、別に「別色弓三張」として、蘇芳《すおう》弓・水牛純角弓・小檀《こまゆみ》弓が各一張ある。これらは、水牛角と木を合わせた舶来の水牛純角弓をのぞき、すべて木製で、材質木名で名称される。ただし、材質木の現在名は必ずしも明らかではない。注記は概ね総長・塗・特徴・弓把《ゆつか》の順で、例えば梓弓で「長七尺一寸二分、背黒漆、腹赤漆、末曲、本曲・節、黒紫組纒弓把」とあり、袋は弓何張かで一括注記される。腹は弓の弦《つる》側、背は逆側で、背腹を塗分け、末《すえ》は弓の上部（弦を掛ける上端は末弭《うらはず》）、本《もと》は下部（下端は本弭《もとはず》）で、そこに湾曲や節があるらしい。

弓把は弓射の際に握る部分で、組紐や韋が巻かれる。珍宝帳の弓の総長は概ね七尺以上で、院蔵品でも同様である。塗は赤漆・黒漆・鹿毛《かげ》塗・鮎皮斑《あゆかわまだら》等の斑塗・塗分け・白木等様々である。院蔵品に対応させれば、鹿毛塗は褐色塗、鮎皮斑は黒漆と生漆の塗分けに該当しよう。他に、弓幹《ゆがら》に樺や糸を巻いたもの、弭金物《はずかなもの》を入れたもの等もある。弓把は院蔵品ではすべて欠失。

次に「御箭壹佰具」。これは容器と箭で一具で、靫《ゆき》四具と胡禄《やなぐい》九六具である。靫は烏漆《くろぬり》三具・赤漆《あかぬり》桐木一具。古代の遺品はないが、上の口から箭を入れ、正面の手形《てがた》（窓）から取り出す筒状の容器である。例えば烏漆靫では「頭・口並着鯨髭、背着金銅作環両具、洗皮帯執、縚綬帯、納鵰羽麻利箭五十隻、鏃鋒小爪懸」とある。頭と口は上の口と手形で、そこに鯨髭が張ってあるらしい。背（靫裏面）に金銅（銅地金鍍金）の鐶を「両具」（左右各二個）打ち、鐶に左右各々で洗皮帯執（白韋帯）を渡し、左右の帯執各々に縚綬帯を取り付けて腰にめぐらす。なお、いずれの箭の容器も右腰に佩帯する。背負うと考えるのは誤解である。箭は鵰《わし》羽麻利箭《ばまりや》五十隻を納め、鏃は小爪懸《こつまがけ》という。

胡禄は箱状の方立《ほうだて》と背板《せいた》からなる容器で、方位に鏃《やじり》を入れる。内訳は白阿蘇五六具・白播磨一一具・漆播磨一九具・漆阿蘇七具・錦一具・篠阿蘇一具・樺阿蘇一具。阿蘇は下野国阿蘇郡、播磨は播磨国でそこからの献上品という。錦・籐・樺以外は材質名がないが、院蔵品はすべて葛《つづら》編製であり、不記載のものは葛編製と思われ、白は葛の表皮を剥いで漂白しただけのもの、漆は院蔵品では黒漆塗と赤漆塗がある。注記は例えば白阿蘇四具で「着洗皮帯、各納上野箭五十隻、鏃鋒並小爪懸、二具括碧、一具括赤、一具括白」とある。容器の注記は帯だけで、胡禄の緒所（上から前緒《まえお》・表帯《うわおび》・後緒《うしろお》）のうち表帯を指すと思われる。

箭は矢羽や鏃で名称され、使用目的で軍陣用の征矢《そや》・狩猟用の狩矢《かりや》（野矢《のや》）・歩射《ぶしゃ》の競技用の的矢《まとや》に分類できる。珍宝帳と院蔵品を併考すると、征矢の鏃は蟇口《ひきぐち》・小爪懸・偏鋭《かたするど》・鑿箭《のみや》・三稜《みかどの》小爪懸等で、鏃からは麻利箭も上野箭も征矢となろう。狩矢は乎比多祢《おいたぬ》・加理麻《かりま》多《た》等で、哮《こう》（鏑《かぶら》）が付く。哮は、内部を空洞にした木や角の球体で先端に数孔を開け、弓射の際に音響を発し、獲物を射竦める装置。他に久流理《くるり》・保居箭《ほこや》・斧箭《おのや》・腋深箭《わきぶかや》等も狩矢と考えられる。的矢には角製の伊多都伎《いたつき》が付くが、これは先端が偏平で的に射当てるものである。麻々伎《ままき》も的矢であろう。また骨製・竹製の鏃もある。

珍宝帳では、征矢が靫を含めて四八具。鏃は蟇口が最多。矢数はすべて五〇隻で、軍防令等の規定に一致する。狩矢は的矢を混ぜたものを含めて胡禄だけで五一具。鏃は上野乎比多祢が最多で、筑紫加理麻多が次ぎ、矢数は様々で概ね二〇隻以下である。矢羽は雉・山鳥・

鷹等様々だが、鵰羽が最多で、上野箭は上野乎比多祢・上野腋深箭を含めていずれも矢羽が不記載。

最後に「御甲壹佰領」。短甲《たんこう》一〇具と挂甲《けいこう》九〇領。短甲は「具別冑一口、甲一領、行縢一具、覆臂一具」とあり、甲に冑《かぶと》・行縢《ぎょうとう》（のちの脛当《すねあて》か）・覆臂《たおおい》（のちの籠手《こて》か）が付属する。具体的な注記は省略するが、短甲は各具の縁《へり》、挂甲は領《くび》の縁の材質が記され、甲の構造に関わる注記は、短甲は一〇領すべてが白磨白線組貫《ぬき》、挂甲は白磨七三領うち白線組貫六三領（うち緋《あけ》絁《あしぎぬ》の裏付六〇領）・白線縄貫九領・黄糸組貫一領、金漆《こしあぶら》塗一七領うち白線組貫一領・白線縄貫三領・橡《つるばみ》線組貫一三領である。『延喜式』兵庫寮等から挂甲が鉄札《てつざね》甲であることは明らかで、白磨や金漆塗（透き漆塗）は鉄札、貫は札を上下に繋げる威《おどし》のことで、白線組等は、その威に使用する緒（威毛《おどしげ》）のことである。つまり短甲も鉄札甲であり、考古学では鉄板矧合甲を「短甲」と呼び、それが浸透しているが、文献の短甲は考古学でいう短甲（鉄板矧合甲）ではない。なお短甲と挂甲の構造的相違についてはふれない。他に院蔵の武具には、珍宝帳にはない鉾《ほこ》や鞆《とも》等もある。

以上の武具の多くは古墳時代後期に出現した様式の継承であり、武具の流れからすれば、律令軍制と前代の軍制との実質的な相違については、再検討が必要であろう。

〔原載－國學院大學日本文化研究所報二一九号、平成十三年三月〕

日本の古代駅路と世界の古代道
――特にローマ道との比較を主にして――

木下　良

一　日本の古代道についての従来の考え

世界的に見て一般に、中央集権的国家体制をとる古代国家は、広大な国土を統一支配するために、中央政府と地方の出先機関とを緊密に連絡し、有事の際には急速な軍隊の移動を容易にする、全国的な道路網の整備を必要とした。

前三世紀にイタリア半島を統一し、やがては地中海を廻る大帝国を形成した古代ローマの、「全ての道はローマに通ず」と言われたローマ道がその典型であるが、同じく紀元前三世紀に中国を統一した秦の始皇帝は、領域内の巡察のための「馳道」と、匈奴の侵攻に備えて内蒙古に設置した前線基地に直結する軍用道路の「直道」とを建設した。秦は間もなく滅んだが、その道路網は漢に継承され、やがては隋・唐に及んだ。

隋・唐を規範にした日本古代国家は、大化元年（六四五）の改新を断行し、大宝元年（七〇一）に律令を制定して中央集権的国家体制を完成した。その交通政策として、既に改新詔に駅馬・伝馬を置くことが指令されているが、天武天皇元年（六七二）の壬申乱の記事によれば、当時の畿内とその周辺には駅家が設置され、駅鈴が用いられていたことが判る。全国的な駅路の路線は、十世紀に制定された『延喜式』によってしか知ることができないが、『常陸国風土記』などによれば一国内に複数の路線が存在し、奈良時代には全国的な駅路の整備が進められたが、平安時代に入ってからは駅家停廃の記事が国史にも多く見られるので、『延喜式』駅路は整理され最も単純化されたものと考えられる。

古代駅伝制については、坂本太郎を始めとする研究成果が蓄積されているが、古代道の実態については永らく不明とされてきた。ただ漠然と、駅路などの官道も踏分道から発達した自然発生的な通路を若干拡幅整備したもので、従って曲折の多い幅もせいぜい二メートル程の小路と推測されていた。以上の推測には、近世の五街道でも歩行と騎行を原則として、道幅も二間（約三・六メートル）程であったことが念頭に置かれていたようである。従って、直線的路線をとって計画的に測設されたローマ道とは、全く異質的なものと考えられていた。

二　直線的計画古道の検出

昭和四十年代に入って、平城京・藤原京また難波京などの調査に関連して、都城条坊や周辺条里など古代的地域計画の研究が進展し、その基準線としての直線道の存在が注目されるようになった。

すなわち、岸俊男は藤原京と平城京は奈良盆地を東西・南北に通る直線道を基準に京域が設定され、難波京と大阪平野の古道にも類似の関係があること、秋山日出雄は奈良盆地と大阪平野の条里はこれらの古道を基準に施行されたこと、足利健亮は恭仁京の京域を復原して、その左右京の中軸が直線道を基準に設定されたこと、また和泉や近江の近世街道が、本来は直線であった古代道を基本的には踏襲することなどを、それぞれ指摘した。以上は、いずれも昭和四十五年に発表されたが、さらに服部昌之は昭和五十年に、大阪平野の直線古道が摂津と河内の国境の一部を形成することを指摘した。

以上によれば、直線的古代道は単に道路として機能するだけでなく、都城の設置、条里の施行、国郡界の設定など、広く古代地域計画の基準線としての役割を果していたことになる。

以上の指摘は畿内とその周辺地域に止まっていたが、昭和四十七年に藤岡謙二郎を代表とする全国的な駅家・駅路の復原的な調査が実施され、全国各地で直線的駅路の痕跡を検出した。筆者が担当した肥前・肥後両国においても、明瞭な直線の道路痕跡を空中写真によって認め、現地調査の結果、幅一〇メートル以上の道路遺構を確認することができた。

しかし、この調査の実施当初では、古代駅路を計画道とする見解は、まだ共通したものとはなっていなかったので、主として地名に基ずく駅家所在地の推定に止まり、具体的な駅路の復原には至らない所も多かった。そこで、本調査を契機にして以後に、駅路跡を検出する目的の調査・研究が進展した結果、東は関東地方から西は九州中部に至る間の各所に直線古道の存在が認められ、畿内と同様に各種の古代地域計画の基準線となることが検討された。その成果を要約すれば次のとおりである。

①古道関係の地名として従来多く採用されてきた「大道」は、必ずしも古代道を意味するとは限らないことに留意する必要がある。一方、「作道・造道」「車路」が古代計画道を、「マゴメ（馬込・馬籠・孫女・真米・間米）」は駅家関係地名として、「立石」は古代諸施設の所在を示す地名として利用できる可能性がある。

②現存する明治以前からの直線道および直線的行政界（大字・小字界を含む）は、古代道を

踏襲することが多い。

③条里施行地域においては、大縮尺地図（二五〇〇分の一、五〇〇〇分の一国土基本図・都市計画図など）によって、一町（一〇九メートル）方格の条里地割に対して一町を越える部分（余剰帯と呼ぶ）を認める場合、これは道路敷に当ることが多い。余剰帯は奈良盆地の下ッ道と横大路の場合四二・五メートル、山陽道では一五～二〇メートル、南海道では一〇～一五メートルをほぼ全面的に認め、西海道には存在しないが、その他の諸道では未確認の状態にある。

余剰帯は道路敷が後世に隣接耕地に削り加えられた結果生じたものであるが、その存在は道路が条里施行の基準であったことを示す。西海道では余剰帯は認められないが、道路が条里の基準になっていたと考えられる所が多い。

④空中写真によって古代道の痕跡を認めることができる。空中写真による遺跡の検出は、イギリスのO・G・S・クロフォードによって一九二九年に確立され、ローマ道の検出にも効果をあげていた。日本でも既に昭和六年（一九三一）に森本六爾が、クロフォードの著作の抄訳を加えて空中写真の効用をとり上げ、駅路など日本の古代道も「空中より調査さるべき必要がある」と指摘しているが、以来三〇余年利用されるには至らなかった。日本が永ら

く戦時体制に入って軍事目的以外には空中写真の利用が困難なこともあったが、戦後になって利用が容易になってからも採用されることがなかったのは、前述したような日本古代道についての既成概念のもとでは、その効果は思い及ばなかったからである。

空中写真によれば、廃絶した古代道も直線の道路痕跡を認めることが可能で、場所によっては埋没して地上では観察できない地下の遺構を示すことがある。

⑤以上の方法によって検出または想定される古代道は、平野部にあっては定規で引いたような直線の路線を示し、国・郡・郷界、条里の基準線となり、国府・郡家・寺院・神社などもこれに沿うことが多い。また、西日本の古代山城の立地とも密接な関係が考えられる。

⑥以上の方法によって想定された古代道は、発掘調査によって確認されたものがあり、その道幅は下ッ道の二四メートル、難波大道の一八メートルは特別として、一二メートル・九メートル・六メートルなどが一般のようである。路面は土を踏み固めたものが多いが、一部では礫を敷き詰めた所も見られる。道路跡は遺物を伴なうことが少ないため、現段階の限られた範囲での発掘においては必ずしも年代測定が十分ではないが、概して古い時期のものほど道幅は広いようである。『令義解』『令集解』によれば小路に位置づけされる、西海道の道路遺構が一二メートルあるいはそれ以上の最大級の路幅を示すことから見れば、路幅は大・

中・小路の区分には関係しないと思われる。
⑦山陽道（大宰府道）諸駅の駅館は瓦葺きであったので、諸国国分寺系統瓦の出土によって駅家遺跡を確認できるが、これらの位置は以上の方法によって想定される駅路路線によく適合する。
⑧従来、駅路と伝馬の路（以下、伝路という）とは明確には区分されていなかったが、駅路が拠点間を最短距離をとって直線的に繋ぐ計画道として認められるのに対し、伝路は大化前代からの在地勢力の中心地を踏襲することが多い郡家間を連結するものであるから、自然発生的な在来の通路を利用したものと思われる。現代の高速自動車道と在来国道との関係に比較して考えることができる。因みに、古代駅路と現代の高速道との路線は極めて類似し、駅家とインターチェンジの位置やその間隔などにも共通するところが多い。
すなわち、駅路と伝路とは本来別系統の道であった。もっとも、駅路通過郡の郡家が駅路に沿う位置に移転し、伝馬も駅路も通るようになったことも考えられ、おそらく『延喜式』諸国駅伝馬条に示される状態は、大部分がこれに近い状況を示すものと思われる。十世紀後半以降、律令体制の衰退に伴なって計画的大道の保持は困難になるに及んで、なお両道が併置されていた所では、地元の生活に密着した伝路の方が残り、駅路は廃絶したと思われる。

三　ローマ道など世界の古代道との比較

以上のようにして確認された日本古代駅路は、従来考えられていたようにローマ道とは異質のものではなく、むしろ極めて類似するものであった。

ローマ道の最も特徴とされるものは、丘を切り谷を渡り一直線に通るその路線形態であるとされるが、これはとりもなおさず日本の古代駅路の特徴でもある。若干の迂回路で避けることができる丘陵を切り通し、または凹地に築堤して直進する例はしばしば見受けられるところである。

直線道が方向を変える際に、ローマ道は折線状になり、日本古代駅路も同様のことが多いが、時になだらかな曲線で繋ぐ例も見受けられ、管見ではローマ道にはその例を見ないようである。

ローマ道のもう一つの特徴は堅固に舗装されていることであるが、日本では若干の敷石を置く例もあるが、大部分は土を踏み固めただけで、それだけにローマ道は遺跡として残りやすいのに対して、日本の古代道は、廃道になってからは、路面も耕地化されることが多かったのであろう。

一方、路面の幅はローマ道は特別な場所を除けば、舗装部分は三メートル程度が一般で、最小幅は二・四メートルとされていたのに対して、日本の古代道は、前記したようにかなり路幅が広い。もっとも、ローマ道では舗装部分の外側に歩道を含む空地があり、全体で約二〇メートル程の幅で両側溝を設けていたので、日本の駅路が条里地割に対して二〇〜一五メートルの余剰帯を示すのにほぼ匹敵する。余剰帯全域にわたる発掘例がないので、その詳細は不明であるが、山陽道の場合は路面幅が約九メートルとされるので、両側に約五メートル程度の余地があったものと思われる。この余地は『延喜式』雑式に「凡諸国駅路辺植二果樹一、令三往還人得二休息一。」とある植樹のための部分ではなかろうか。ローマ道の空地は耕作や建築を禁じ、草地にして見通しをよくして敵の不意の攻撃に備える意味があったという。

なお、旧大陸とは全く無関係に発達して、十五世紀に最盛期を迎えたインカ帝国においても、道路網と駅伝制が完備され、直線道の遺跡がよく残って、その路幅や形状は多様であるが、路幅七〜八メートルが一般で、路側を日干煉瓦または石積みで区切り、場所によってはその外側に一〇メートル前後の余地を付属させ、耕地にしていたという。余地の用途は異なるが、形態的に類似するものがある。世界の他地域の古代道と異なる所は、インカでは馬を持たず至急の連絡も飛脚によったので、急傾斜地には階段が設けられていたことである。

日本の古代道の直接の模範になった、中国の隋・唐代の道路については、詳細は不明で遺跡も知られていない。秦代の馳道は『前漢書』に「道広五十歩、三丈而樹」とあるが、ジョセフ・ニーダム著『中国の科学と技術』に、「五〇歩というのは五〇尺の写し間違いであろう」とあるのは、かつての日本と同様に、近世・近代の道から推測したものであろう。『史記』に「塹山堙谷」と記される、秦の直道遺跡は近年陝（西省）北高原で認められ、ここでは四台のトラックが並んで走れる程の広さがあり、さらに一九八八年に発見された、陝西省楡林県の長城外側では、幅一六〇メートルすなわち一〇〇歩に当るという。広大な道路はアジアの古代道の特色なのであろう。日本では『日本霊異記』下巻一六の説話に、「広さ一町許、直きこと墨縄の如く」とある道路が記されている。これは斑鳩から下ッ道に連絡する「北の横大路」と研究者間に呼ばれている道路に当ると思われ、おそらく条里の一町方格をそのまま道路敷に転用したものであろう。

日本では直線古道が条里施行の基準線になっていることが多いが、ローマでも北イタリアではケンチュリアの地割が、エミリア街道をデクマヌス・マキシムス（東西基準道）にしている。

以上のように、日本の古代道がローマ道に類似するだけでなく、インカ道など世界的に古代道とも共通する所が多い。それ故に、日本の古代道研究にとって、研究・調査の進展しているローマ道は大いに参考になり、また日本の古代道研究の成果は、中国・朝鮮半島など東アジアの古代道研究に役立つだけでなく、広く世界的に古代道研究に資するであろう。

〔原載―國學院大學日本文化研究所報一四七号、平成元年三月〕

格式法の位置づけをめぐって

大津　透

はじめに

最近十数年の日本古代法制史研究を見ると、(1)律令研究、とくに令における日唐律令比較研究の深化、(2)福井俊彦氏らの格式研究会や虎尾俊哉氏らの延喜式研究会を中心に進められた格式の研究、およびそれに密接に関わる儀式書の研究、(3)摂関・院政期における裁判や刑罰を中心とする法と国制の研究、を顕著な動向としてあげることができる。今回は、筆者が従来あまりふれてこなかった、九世紀を中心とする(2)格式法についてとりあげたい。

三浦周行氏は中古を律令時代＝支那法採用時代から格式時代＝慣習法時代への移行と捉えたが、瀧川政次郎氏は律令格式を一まとめに支那継受法時代とし、延喜天暦以降固有法が復活するとした。格式の本質を慣習法としてとらえるのは問題があると考えるが、一方で石母田正氏がいうように格式が律令に代位される新法典の編纂という歴史的意味をもつことは事実であろう。格式法に即して意義を考えた研究は殆どなく、さらに律令法についても、研究の進展の中で単純に継受法というよりむしろ固有法的要素の比重が大きいと筆者は考えているので、それをふまえ、格式法の歴史的位置づけを考えてみたいと思う。

一　格について

格の研究の基礎を築いたのは吉田孝氏による墾田永世私財法の研究である。氏は格編纂時の立法作業としての意義を明示し、類聚三代格研究の基礎となったが、一方で、同法を日唐の土地制度の比較を通じて律令制の基礎の拡大と考える論点は、弘仁格の新たな意義を示唆したものでもある。

官僚制について考えると、傳田伊史氏は、維城典訓（則天武后の撰）と律令格式への習熟を史生以上の官人に課している天平宝字三年（七五九）六月二十七日格をとり上げ、同格が弘仁格の叙位任官に関する冒頭におかれた基本的法であり、弘仁式において諸司史生を補す式部省の試験にとり入れられていることから、仲麻呂の個人的な唐風趣味ではなく、弘仁格式において生きている規定であることを解明した。これは律令官僚制の徹底であり中国化といえよう。さらに、大同元年（八〇六）六月壬寅勅では諸王及び五位以上官人の子孫に十歳以上は全員大学に入ることを強制している。弘仁三年（八一二）五月に改訂されているが、同勅は弘仁式部格に入っていることから基本的に効力を保っていると理解すべきで、貞観格の天長元年（八二四）八月二十日官符でも、五位以上子孫を大学寮に入れ経史を読ませるとしている。「経国治家、莫㆑善㆓於文㆒、立身揚名、莫㆑尚㆓於学㆒」とあるように、儒教思想を基礎にする天皇中心の官僚制再編の試みであり、大同元年格の氏女貢上や弘仁五年格の嵯峨源氏の創始もそうした再編の一環であろう（こうした政策に対応して、藤原氏は大学別曹の勧学院を作り、新たな形での氏の結集をはかり、貴族社会が成立すると考えられる）。

皇帝の実名を避ける避諱の制も、元来日本に存在しない習慣で、制度化されたのは弘仁格に編入される天平勝宝九年（七五七）五月二十六日勅である。原勅では天皇名だけでなく鎌足や不比等の名も避けるとあり、仲麻呂中心の唐風化策だったが、格では天皇皇后名のみが規定され、「頃者百姓之間、曾不㆑知㆑礼」と、天皇制をめぐる礼の問題として避諱は制度化されていて、中国的礼の導入という側面を看取できる。

近年、格の特質について優れた業績をあげた川尻秋生氏は、貞観格の成立が画期であり、それ以降格に編入された官符・詔勅とそれ以外の官符等の有効性の差が意識されるとする。貞観格の特色については、序に「君与百姓共レ之者也」とあるように、天皇も臣下も拘束される法であり、はじめて天皇制をおおう法が登場したこと、さらに唐の開元留司格に准じて臨時格二巻が作られたことをあげている。

類聚三代格の欠佚巻に含まれていた、御服事・皇后御服事・皇太后御服事を記す貞観臨時格（『小野宮年中行事』『北山抄』による）をとり上げてみる。これは弘仁十一年（八二〇）詔をもととし、天皇の帛衣・袞冕十二章・黄櫨染衣などの服の用途による使い分けを規定している。周知のように日本衣服令には天皇の衣服の規定がないが、それは別稿で述べたように天皇の正装が白の帛衣で、固有なタブーに包まれていたためで、一世紀をへて中国皇帝の服である袞冕十二章をとり入れたわけである。一世紀遅れの律令法や礼の輸入、天皇制の中国化であり、一方で神事における帛衣は天皇制の本質として保持されたのである。貞観臨時格において、礼の継受を背景に天皇制の制度化がなされたことが認められよう（弘仁五年以降の歴代の源氏賜姓詔も臨時格である）。

二　式について

式は、格と異なり特定日時の法令でなく、不変の共時的な規定もあり、その特色をつかみ出すのは容易でない。その中で、延喜太政官式を分析した大隅清陽氏の研究は成果をあげた例といえる。氏は太政官式の弁官のあり方から、弁官が諸司を引率するアドモヒの形をとる条文群と、中納言や参議も加えられより上位から行事を監督する条文群があることを指摘し、前者はマヘツキミによって分掌されたツカサのアドモヒを継承する古い形で、後者の参議以上の参加は新しく成立した条文であり、これは直属書記官の外記の行事参加をもたらし、公卿の下に弁官局と外記局が併立する摂関期の形態を導くことを論じた。こうした古い要素と新しい要素の混在は、延喜式から奈良時代あるいはそれ以前のあり方を遡及復元する方向と、平安時代の新要素を解析する研究方向とを可能にするが、ここでは後者の方向で考えたい。

式と唐制との関係については、そもそも延喜式序に「准㆓拠開元永徽式例㆒」とあり唐の格式を意識しているが、個別例としても、治部式冒頭の祥瑞リストが唐礼部式の直輸入であること、内記式の弘仁年間に改定された五位以上位記式、中務式の慰労詔書式などを唐制によ

郵便はがき

料金受取人払

麹町局承認

7033

差出有効期間
平成17年11月
30日まで
（切手不要）

1028790

102

東京都千代田区
飯田橋二－五－四

汲古書院 行

通信欄

購入者カード

このたびは本書をお買い求め下さりありがとうございました。今後の出版の資料と、刊行ご案内のためおそれ入りますが、下記ご記入の上、折り返しお送り下さるようお願いいたします。

書　名	
ご芳名	
ご住所 TEL　〒	
ご勤務先	
ご購入方法　①　直接　②　書店経由	
本書についてのご意見をお寄せ下さい	
今後どんなものをご希望ですか	

る制度としてあげることができる。また彌永貞三氏が早く検討された大学式の釈奠式、雑式の諸国釈奠式は基本的に『大唐開元礼』によって作られている。

その他儀式一般につき、西本昌弘氏が明らかにするように、八世紀末〜九世紀初めに、立礼・再拝舞踏をはじめ、儀礼の唐風化が行なわれ、『内裏式』『儀式』の編纂を唐礼継受という側面から捉えることができるが、当然これは式における各儀式の施行規定にも共通する。即位式・朝賀儀礼・皇后受賀儀礼・立太子儀礼など、多くの個別の検討において唐礼の影響が指摘されているが、言及するにとどめる。

式は律令制の進展した段階をあらわし、たとえば郡司より国司に権限が集中するなどと言うことはできるが、これでは一般論であり、八世紀と九世紀の差を言ったにすぎない。ここでは式の特質を考えるため、かつて検討した大蔵式の諸節禄法をとり上げてみたい。節禄が制度化されるのは、嵯峨天皇弘仁年間のことで、おそらく貞観式において延喜式と同文になっていたと推定される。奈良時代においても節宴で賜物はあり、天皇から臣下に衣服や被《ふすま》が臨時に賜与され、それにより天皇と官人との人格的・霊的関係が結ばれ、官僚制を裏で支えていた。八・九世紀の交に、節宴が唐の「会」にならって整備されて節会になると、元日節会においてのみ次侍従以上に被一条ずつが天皇から賜与され、他の節会では節禄として位階・

官職に応じて額を定めて絁と綿が支給されることになる。律令官僚制の裏にあった天皇との人格的・宗教的要素を、元日にのみ被賜与の形で残し、他節会では経済的意味の強い節禄として分離して制度化し、いわば文明化をはかったと言える。裏返せば、奈良時代には律令制がおおっていなかった固有の国制の部分（多くの場合天皇制を支えた部分）へ、律令制の拡大・展開がなされたのが、式であったと意義づけることができる。

こう考えると、同様の事例として贄があげられる。渡辺晃宏氏によれば、奈良時代の木簡には諸国から多様な品目の贄の貢上が見えるが、延喜式では、諸国貢進御贄など贄とされるのは一部分であり、中男作物や調へ収斂しているものが多い。贄のもつ天皇制に関わる固有な部分が分化していき、一部は律令税制にとりこまれて制度化し、一部は儀礼・象徴的な形に移っていくといえる。また格の例だが、延暦二十年（八〇二）五月十四日格で、神事違例の時に科す祓について大祓・上祓・中祓・下祓が制度化される。律の五刑と異質なものだが奈良時代にも行なわれていた日本固有の刑罰であり、そうした慣行を延暦年間にいたって制度化したのである。律令制の外に存在していたものが、整備ないし制度化され、一方で儀礼化され、格式の中にくみこまれたので、律令制の範囲が拡大したと評価できるだろう。

最後に、大きな比重を占める神祇の部分をどう考えるかだが、延喜式神名帳について言えば、小倉慈司氏は弘仁式以降増加した官社が全体の一五〜二〇％を占めることを指摘している。延暦十七年（七九八）に神祇官からの班幣の大部分を国司による国幣に変え、律令祭祀は衰退すると考えるのが一般的だが、むしろ国司を通じて官社＝在地の把握は進んだのである。官社数を単純に律令国家の支配力のバロメーターとするならば、延喜式は律令国家の展開の到達点であると言えるのではないだろうか。

〔原載―國學院大學日本文化研究所報二〇二号、平成十年五月〕

〔補記〕なお拙稿「格式の成立と摂関期の法」（水林彪ほか編『新体系日本史2　法社会史』山川出版社、二〇〇一年）を参照されたい。

儀式における唐礼の継受

古瀬奈津子

一　唐礼継受についての概観

日本古代史においては、従来、政治史・社会経済史の研究が中心であった。儀式は形式的で内容空疎なものと考えられ、有職故実として限られた研究者によって扱われていたに過ぎない。しかし、近年、儀式を通じて再生産される朝廷における天皇と臣下の秩序や、儀式の運営にみられる政治機構のあり方などに注目が集まるようになり、儀式についての政治史・社会経済史的な研究がなされるようになってきた。ただ、儀式関係の史料が平安時代に集中しているため、儀式研究も平安時代を中心に行なわれているのが現状である。今後は、平安時代の儀式研究の蓄積をもとに、日本古代における儀式の成立過程についても考察を進めていく必要があると考えられる。

日本古代における儀式の成立過程を考える時、忘れることができないのが、唐礼の影響である。日本の律令国家の成立において、中国の律令を継受したことについては、様々な面から研究が進められてきている。それに比較すると、唐礼の継受については、研究が遅れている状況にある。ひとつには、中国史においても礼・儀礼の歴史学的研究は遅れており、最近ようやく行なわれるようになってきたためである。

ここで、日本古代における唐礼の継受について概観しておきたい。中国の礼に基づいた儀式が、我国において初めて行なわれたのは、推古朝に隋使・裴世清が来朝した際の外交儀礼であり、隋・煬帝の編纂した『江都集礼』の影響を受けたものとされている。その後、大化年間には、朝賀の儀式が輸入されている。

大宝律令の編纂にあたって、直接の範となったのは、唐の永徽律令とされている。唐においては、律令格式と礼がセットで編纂されたのに対し、日本においては、奈良時代までは律令のみが編纂され、唐の格式や礼の内容も部分的に選択され律令の中に組み込まれていることが指摘されている。ただし、永徽律令格式が、永徽四年(六五三)に頒行されたのに対し、永徽(顕慶)礼は遅れて顕慶三年(六五八)に施行されていること、また、後述するように、永徽(顕慶)礼は天平七年(七三五)になってから我国へ将来されていることなどから、大宝律令の編纂にあたって永徽（顕慶）礼は直接参照されなかった可能性が高い。大宝律令編纂に際して参考にされたのは、貞観礼が『日本国見在書目録』にはみえないことを重視すれば、隋礼であった可能性もある。

我国にもたらされたことが確実な最初の唐礼は、天平七年に入唐留学生下道朝臣真備が将来・献上した「唐礼」一百三十巻で、巻数から永徽（顕慶）礼と考えられている。その後、真備は天平勝宝四年（七五二）に再び遣唐副使として入唐し、『開元礼』を将来したと推測される。

このように律令に比較すると、唐礼の将来・導入は遅れており、東野治之氏も指摘されているように、真備が留学生として参加した養老の遣唐使から礼の本格的導入がはかられたと考えられる。唐礼の影響としては、真備によって釈奠の儀式が整備されたこと、聖武朝の朔旦冬至などが知られている。その後、光仁朝に天長節、桓武朝に郊祀の礼などが取り入れられ、弘仁九年（八一八）には、「天下儀式、男女衣服、皆依㆓唐法㆒」という詔がだされ、唐制が全面的に導入されるに至った。儀式における所作も、跪礼から立礼へ、四拝・拍手から再拝・舞踏へと変化したことが確認されている。これらに基づいて、弘仁十二年、我国最初の勅撰儀式書『内裏式』が編纂された。

以上のように、唐礼の継受は、大きく区分すると、律令編纂の時期前後と奈良末～平安初期の二段階に分けて考えられる。しかし、奈良時代については、儀式の具体的なあり方を示す史料が少ないため、従来、唐礼継受の過程について詳しい研究はあまり行なわれてこなかった。次節では、任官の儀を例に唐礼継受の諸段階について考察を加えてみたい。

二　任官の儀

奈良時代前半においては、任官の儀は、天皇が大極殿に出御し、官名が個々の官人に告げられるという方式で行なわれた。これは、宣命を用いて行なわれる叙位の儀と比較すると、簡単な方式であると言える。日本においては、位階の方が官職より重要視されていたことによる。

奈良時代後半になると、任官の儀に変化が現れる。大臣のみ宣命によって任命されるようになるのである。初見は、『続日本紀』天平宝字四年（七六〇）正月丙寅条で、高野天皇と帝（淳仁天皇）が内安殿に出御し、大保恵美朝臣押勝らに叙位を行ない、その後、高野天皇が口勅で、押勝を大師（太政大臣）に任命した例である。続いて、天平神護元年（七六五）閏十月庚寅条、同二年正月甲子条、同年十月壬寅条にも同様の例がみえる。これらは、押勝の例のように任大臣の理由を特別に説明しなければならない場合であり、また、宣命を好んだ称徳天皇の時代に出されているため、特殊な例と思われるかもしれないが、大臣任官の時、宣命を使用することはこの後、儀式として定着していくことになる。

弘仁十二年（八二一）に撰上された『内裏式』下の「任官式」には、「其大臣者以二宣命一任レ之。不三更用二此式一。（参議以上或宣命任レ之）」とあって、宣命を用いる大臣任官の儀が儀式として整備されたことがわかる。天皇が紫宸殿に出御し、五位以上・六位以下の官人たちが居並ぶ中、参議が宣命を読んで大臣任官の旨を本人と官人たちに知らせるのである。

『日本後紀』『日本紀略』『続日本後紀』『日本文徳天皇実録』『日本三代実録』をみていくと、任大臣の儀において宣命を使用していたことが確認できる。さらに、『西宮記』巻二・『北山抄』巻四・『江家次第』巻二十にも、宣命を使用する任大臣の儀が掲載されており、平安時代中期以降も引き続き儀式として存在していたことがわかる。

さて、宣命を使用するというと、日本古来の儀式のように思えるが、実は、唐礼、『開元礼』の影響が考えられるのである。『開元礼』巻一〇八嘉礼の「臨軒冊命諸王大臣」をみてみよう。皇帝が太極殿に出御し、五品以上・六品以下の官人たちが居並ぶ前で、中書令が冊書を読みあげて任官の旨を本人と官人たちに知らせる。日本との違いは、その後、受冊者にその冊書を与える点である。唐では、日本とは異なり、任官の場合は常に、辞令である告身が本人に対して与えられる。

唐においても、皇帝臨御のもと、冊書を官人たちの前で読み上げて任官されるのは、諸王・大臣のみであった。唐の冊書が日本の宣命のモデルであったということは、森田悌氏・東野治之氏によって指摘されているが、その冊書を使用し、皇帝臨御のもと、官人たちの前で任官の旨を読み上げるという儀式形式を、『開元礼』を通じて日本でも取り入れ、任大臣の儀式が成立したと考えられる。『開元礼』は前述のように、天平勝宝の遣唐副使であった吉備真備によって将来されたと推測されている。宣命による任大臣の儀が成立したのは、中国趣味で有名な仲麻呂の時代及び真備がブレーンとなっていた称徳朝に該当する。宣命好きの称徳天皇によってこの儀式次第が採用されたのであろう。

天平勝宝年間以降、神護景雲年間を中心にした時期は、唐礼継受にとってひとつの画期をなしていたと言える。任大臣の儀の成立以外にも、節会などにおいて、天皇の出御する豊楽殿・武徳殿・紫宸殿などの「殿上」に伺候できるのが参議以上であるという制度も、『開元礼』の「皇帝元正冬至受群臣朝賀并会」の「会」などにみえる皇帝の出御する太極殿上に伺候できるのが三品以上であるという制度を受け継いだものと考えられる。「殿上」の史料が頻出するようになるのは、神護景雲二年（七六八）の賀正の宴で、詔によって大和宿禰長岡を殿上に侍らしむという記事以降である。また、吉備真備の完成させた釈奠講学式が確実に実行されたのは、神護景雲元年であった。

儀式の唐風化というと、平安時代初期に盛んになったとされてきたが、その前段階としてこの時期を評価することができると考える。一方で、これに続く光仁朝には、次侍従や節禄の制度が成立し、日本的な饗宴の儀式である節会が整備されるのであるが、それも『開元礼』の将来や礼に対する理解の深化と軌を一にするものと考えられる。奈良末から平安初期にかけては、唐礼に対する理解が深まり、その影響を受けながらも、日本的な儀式が確立する時期なのである。

最後に、なぜこの時期に日本的な儀式が成立し、儀式書が編纂されることになるのかという背景について少し触れておきたい。奈良時代までは、天皇の官人たちに対する人格的な支配関係が、官僚機構の未熟な面を補完していたと言える。奈良末から平安初期という時期は、官僚機構が確立し、天皇の官人たちに対する人格的な関係に依存せずに機構として機能するようになる時期なのである。天皇の官人たちに対する人格的な関係とは、正月の宴などにおいて天皇から官人たちに賜与されるのが、天皇との人格的関係を象徴する衣服であったことからわかるように、呪術的な性格が強かった。そのような呪術的な支配関係の必要性が後退するのに対し、一方で世俗的・合理的な支配関係を新たに編成する必要が生じ、天皇と臣下との秩序を再生産するための礼典儀式の体系化が必要になったと考えられるのである。

〔原載－國學院大學日本文化研究所報一六六号、平成四年五月〕

〔補記〕詳しくは、拙稿「儀式における唐礼の継受――奈良末〜平安初期の変化を中心に――」「唐礼継受に関する覚書――地方における儀礼・儀式――」(『日本古代王権と儀式』吉川弘文館、一九九八年)をご参照下さい。

『本朝法家文書目録』の価値

瀬賀正博

一

『本朝法家文書目録』（以下、本目録という）は、明法家の見るべき律令格式に関する書目を登載したものである。その中には、今日に伝わらざる書目も見えているので、本目録に掲げる細目によって各書の梗概を知ることが可能であり、わが国古代の法書を考える上で頗る重要なものであるといわねばならない。しかるに、本目録の成立事情、すなわち、いつ、またいかなる人物によって著録せられたものであるのか、さらにその伝本についての基礎的研究はいまだ全く行われていない。

本目録は今日『續々群書類従』第十六（雑部）および『古事類苑』法律部に収められて流布しており、またその伝本は、『國書総目録』等によって十本あまり確認できる。しかし、その写本の全てが江戸時代以降の書写にかかり、古写本が存在せず、ゆえに各伝本の性格、伝来の系統等を明らかにし得ないことは、本目録の研究・利用のために、重大な障碍となっている。

本目録の史料的価値を検討することの必要性は、既に逸失して今日に伝存しない法書の復原作業との関係で痛感されているところであった。たとえば、律の註釈書である『律附釈』や、明法博士惟宗直本の撰になると伝えられている『律集解』の復原には、本目録所載の巻立篇目が利用されているし、『令義解』原本の体裁をめぐる議論においても、『令義解』現存部分と本目録所載の巻立篇目との整合性が問題となっている。また、『類聚三代格』原本体裁の復原についても、本目録の史料的価値の揺れが、説の一定を阻害する要因になっている。それゆえに本目録の史料的価値を吟味することは、古代法書のテキスト復原の作業にとって緊要のことなのである。

二

本目録は夙に古鈔本を逸したものの如く、現存する諸本はいずれも江戸時代以降の筆写にかかり、しかも直接に著録の事情・経緯を示す識語・奥付等はない。現存する諸本は、おおよそ神宮文庫本と足代弘訓旧蔵本の二系統にわけることができる。現在宮内庁書陵部蔵の藤波家本や静嘉堂文庫所蔵本などは神宮文庫本の系統に属するとされている（『圖書寮典籍解題〔續歴史篇〕』）。なお『續々群書類従』本の底本は、小中村清矩の旧蔵本（現在東京大学図書館蔵）を謄写した徴古雑抄本である。小中村清矩本はその識語に「此本ハ狩谷掖斎ノ旧蔵ニテ外題ハ氏ノ手書ナリ」と記し、奥書によれば、小中村がこの写本を久米幹文に貸したところ、久米は自分の所持していた藤波家本の謄写本と校合して返してきたという。なお、小中村による本目録の「解題」（『史学雑誌』四－四七）を参照されたい。一方、足代弘訓本は原本の所在を確認し得ないが、天理図書館蔵本は足代弘訓本を書写したもの（奥書）、京都大学図書館蔵本や無窮会蔵本は、その奥書に、

天保十年己亥十月　　足代権大夫弘訓

此一巻ハ矢野玄道よりかかり候て写し了んぬ

万延二年二月七日　　六人部よし嘉

のように見えており、矢野玄道の所持していた足代弘訓本（現在大洲図書館蔵）を書写したものである。この矢野玄道旧蔵本は足代弘訓本そのものの可能性があるが、いまだ実見してい

ない。

いずれにしても、諸写本の筆写年代は江戸中期以降であると思われ、現存諸本の祖本も知られないのである。徴古雑抄本の奥書には、小杉榲邨が栗田寛の説として、

彰考館所蔵書類ニモアリテ、ソハ元禄年間採集ニ係ル者ナリ、

と記しているが、これが現在彰考館に所蔵されているものであるとするならば、諸本中、もっとも古い写本である可能性が高い。彰考館本の奥書には、

寛文五乙巳年季秋下旬書写之畢　竜氏熈方

と見えている。この「竜氏熈方」とは寛文年間から元禄年間にかけて宮掌大内人として伊勢神宮に勤仕した竜熈近であろう。

ちなみに、本目録の伝存形態で注意を惹くことがらを、参考までに述べておく。それは、本目録の多くが「本朝国史目録」とともに合綴されて伝わっているということである。「本朝国史目録」は六国史の篇目を掲載したものであるが、就中、はやくに亡佚した『日本後紀』の目録を掲げていることは頗る重要である。現伝する残欠本『日本後紀』の各篇目は、「本朝国史目録」所載の目録と一致するが故に、この目録は『日本後紀』亡佚以前に著録されたものと考えられる。『圖書寮典籍解題〔續歴史篇〕』は「その成立當初から或は〔法家文書目

録と本朝国史目録と）二部一冊に収められたものかとも考へられるが、兩者の關係は今遽かには斷定し難い」という。「本朝国史目録」との合綴が、本目録の成立年代をさぐる手がかりになるかどうか、いまのところ判断できないが、念頭に置いておくべきことである。

三

本目録の成立年代は、通説的には平安時代後期とされる。本目録に登載された書目のうち、その成立年代最下限のものは『類聚三代格』である。『類聚三代格』の成立年代も不詳ながら、一般には長保四年から寛治三年の間と考えられている。したがって、本目録の成立上限を『類聚三代格』の成立後であると考え、一応、右の期間に設定するのである。

ところが、本目録における「類聚三代格目録」の記載にはいささか不可解な点があるのである。それは㈠記載されている『類聚三代格』の篇目は巻第一から巻第六（現伝本の『類聚三代格』巻一乃至巻三に該当する）までであって、全篇にわたる篇目が掲げられているのではないということ、㈡本目録の内容は律・令・格・式・雑の五部に類別されているが、「類聚三代格目録」の記載は「格」の部ではなく、最後の「雑」の部（本目録の最後尾から二書目め）

に記載されているということ、がそれである。

右の点について渡辺寛氏は、本目録「雑」の部所載の「類聚三代格目録」は後人の書入れであるとされた（「類聚三代格の復原に関する若干の問題点」『皇學館大学紀要』第十一号）。しかもその内容が巻第一から巻第六までしか記載のないことから、『類聚三代格』編纂途上での追記の可能性を指摘された。このような推測は、すでに江戸後期の嘉永四年に本目録を書写した神谷永平も行っている（現天理図書館蔵本奥書）。また蓮沼啓介氏の「本朝法家文書目録の史料価値」（『神戸法学雑誌』第四六巻第一号）では、さらに進んで本目録は『類聚三代格』編纂のための資料として作成されたと推測されているが、これらの推測には史料的裏付けもなく、現在の時点では承認できるものではない。その上、本目録「格」の部に、弘仁・貞観・延喜の三代の格を掲載した後、「已上三代格類聚已了」と見えている記載をどのように考えればよいのかが問題となろう。したがって、当面は本目録の成立上限を『類聚三代格』成立後のある時期とする他はないと考える。

ところで蓮沼氏（前掲）は、はじめ原目録とも呼ばれるべきものがあり、後に数種の書目が追記されて現伝の『本朝法家文書目録』が成立したと推測された。すなわち、本目録の冒頭には、

律 付律附釈、律集解、律疏、　令 付令釈、　令義解、

格 弘仁格、貞観格、延喜格、古格、　式 弘仁式、貞観式、延喜式、儀式、古式、内裏儀式、

雑 官曹事類目録、外官事類目録、事抄、次事抄、新抄、上古問答、八十一例、六十二例、十七例、弾例、問答、

という目次が存するのであるが、本文に収載されている書目には右目次に見えないものがあり、逆に目次にあって本文にみえない書目はない。そこで、本来は右目次に見えている書目だけを収めた原法家文書目録が存在していて、その後、本文にそれ以外の書目が追加されていったのだとするのである。しかし、目録本文にある「弘仁儀式」「貞観儀式」「延喜儀式」を、右目次では一括して「儀式」としていること、本文にある「交替式」が『延暦交替式』のことであるとすれば、比較的古い時代の書物であるのに、それを目次では漏らしていること、本文の「十七条憲法」を目次は「十七例」としていることなど、いかにも不用意な点が多々見られることからも、むしろこの目次の方が後人の追記かとも思われる。ゆえに原目録の存在を想定することには慎重を期したほうがよい。

四

一方、本目録の成立年代の下限については『通憲入道蔵書目録』第百四十一櫃に「一巻法家文書目録」と見えるものがすなわち本目録を指すならば、平安末期ということになる。また和田英松博士によれば『本朝書籍目録』作成の際にも本目録が利用されたと考えられている（『本朝書籍目録考證』）。すなわち、『本朝書籍目録』政要篇の中の「官曹事類目録」より「続新抄」に至る六部、及び「交替式」より「古式」に至る六部、「上古問答」より「問答五条」に至る六部は、その順序も本目録と同じであり、『本朝書籍目録』は本目録を利用した可能性が高いというのである。

『通憲入道蔵書目録』に見える「法家文書目録」が、まさしく本目録であるかについては他に徴証がなく、不安の残るところではあるが、本目録の成立年代の下限を平安末期とすることについては、本目録登載の「官曹事類」なる書目も傍証となろう。「官曹事類」の項目には、その巻立・編目とともに序文とおぼしき文章が併載されている。この序文はおそらく「官曹事類」の現物を見て書写したものと思われるが（後述）、当該書は平安末期・鎌倉初期

にはすでに失われていたらしいのである。『愚管抄』附録に、

此外ニモ官曹事類トカヤ云フミ〔文〕モアムナレドモ、モチタル人モナキトカヤ、蓮花王院ノ宝蔵ニハヲカレタルト聞ユレド、取出シテ見ムト云事ダニモナシ、

とあり、『愚管抄』の筆者慈円のころには、「官曹事類」を持つ人もなく、蓮華王院宝蔵にはあるというが取り出す人もいないという有様であった。ゆえに本目録の成立年代は「官曹事類」を実際に披見しうる時代、すなわち平安末期から鎌倉初期をくだらない時期、ということになろう。

五

本目録登載の各書についての考証は、夙に和田博士の『本朝書籍目録考證』、またその後の諸研究があって、ここに筆者の新たな知見を加うべきなにものもないが、本目録より窺える特徴や疑問点を思いつくままに述べてみたい。まず、登載書目を列挙すれば次の通りである。全体を律・令・格・式・雑の五篇目に分かち、都合四十三の書目とその巻立篇目および若干の書誌情報を掲載している。

一、律
①律（養老律）　②律附釈　③律集解　④律疏　⑤律（大宝律）
二、令
①令（養老令）　②令釈　③令義解　④令（近江令）　⑤令（大宝令）
三、格
①弘仁格　②貞観格　③延喜格　④古格
四、式
①弘仁式　②貞観式　③延喜式　④弘仁儀式　⑤貞観儀式　⑥延喜儀式　⑦内裏式　⑧内裏儀式　⑨交替式　⑩新定内外官交替式　⑪内外官交替式　⑫新定読式　⑬左右検非違使式　⑭古式　⑮北堂有司式
五、雑
①官曹事類目録　②外官事類目録　③事抄　④次事抄　⑤新抄　⑥続新抄　⑦上古問答　⑧八十一例　⑨六十二例　⑩十七条憲法　⑪弾例　⑫問答五条　⑬類聚三代格目録　⑭天長格抄

まず、目録本文の冒頭には目次というべきものが記載されているが、目録本文との間に異同があることは前述の通りである。この目次と目録本文がいかなる関係に立つのか審かではない。

次に「律」の部であるが、ここには養老律、律附釈、律集解、律疏、大宝律（以上登載順）の書目が収録されているが、この順序は当時の現行法およびそれについての註釈書を先に記し、それ以前の法を後に記すという体裁であろう。このような順序は「令」の部に養老令、令釈、令義解、近江令、大宝令の順で記載するものと同義であろう。また「律」の部の養老律、大宝律はそれぞれ単に「律」と呼ばれ、「令」の部の養老令、近江令、大宝令もそれぞれ単に「令」とのみ呼ばれていることは注目される。明法家は、その取扱いの便宜上、養老律令を「新律」「新令」などと呼び、大宝律令を「古律」「古令」と称していたことは『令集解』に見える諸説によって徴することができるが、本目録の記載が信ずるに足るとすれば、わが国で制定された律令の正式な呼称は、いずれも単に「律」「令」であった蓋然性が高い（小林宏「刑法草書と式目と律令と――前近代の法典編纂――」『創文』三八一号）。

次に「令」の部であるが、『令集解』を漏らしている点が気になる。およそ「法家」の必携すべき書の目録にあって『令集解』を逸することは、まず考えられないであろう。いわんや本目録に『律集解』が収載されていることからすると、あるいは書写の際の脱漏とも考えられるが、にわかには断定しがたく、その原因・理由は不明とするほかはない。

「格」「式」の部で気になるのは、それぞれの最後に「古格」「古式」なる書目が記載されていることである。本目録の記載順の特徴などから推考すれば、この「古格」「古式」なる書物は弘仁格・式、貞観格・式、延喜格・式以前の格および式を指しているように考えられるが、はたしてそのような書物が実在したのであろうか。平安時代の明法家は、当時現行の格・式以前のそれを示すときに、古い格・式という意味の普通名詞で「古格」「古式」という語を使用する場合はあるが、それは書名ではない。本目録の著録者は実見してない書目も登録している（たとえば十七条憲法や近江令などは、遅くとも著録者の当時は実在していなかったであろう）ようなので、この「古格」「古式」なる書物も実在したものとは思われない。なお、儀式書の篇目も詳細に記されているが、現存する儀式書との整合性は丹念に分析されるべきであろう（所功『平安朝儀式書成立史の研究』等参照）。

「雑」の部では、前述の通り、『類聚三代格』をめぐる問題点が存するが、この点については専論に譲ることにする。この部に所載の「官曹事類」「天長格抄」は、その巻立篇目を詳しく記すほか、序文と思われる文章が併記されている。この序文を見てみると、たとえば桓武天皇のことを「聖朝」、淳和天皇を「後太上天皇」というように、天皇の諡号を避けているので、おそらくは本目録の著録者が原本を見て記載したものと思われる。なぜなら本目録の著録者がこれらの天皇号を避ける必然性は全くないと思われ、他の箇所では「桓武天皇」などの語は使用されているからである。

六

以上、思いつくまま縷々述べてきたけれども、とりたてて新しい発見はなかった。しかし本目録をながめたときの全体的な印象は、どうも明法家が著録したものとしては、いささか物足りないということである。ことに検非違使に関する書目としては「左右検非違使式」を挙げるのみであることからも察せられるように、実用的な法書が少ないのであって、このことは、本目録が法実務に携わる人物によって作成されたものではないことを暗示する。紙幅の都合上、こまかな考証は省いたが、かくして本目録の史料価値はいまだ謎というほかはなく、したがってその利用についても、依然、注意が必要である。

〔原載－季刊ぐんしょ再刊四三号、平成十一年一月〕

「因准」について
――明法家の法解釈理論――

小林　宏

一

西洋における法思考、或は法解釈学は、古代ギリシャ、ローマ以来の長い伝統を有するものであり、その議論や論証の進め方については、独特の様式と技法とを築き上げて来た。我が国の法解釈学もまた明治以降において初めて認められるものではなく、それははるか古代に溯り、千数百年の伝統を有するものである。律令解釈学が即ちそれである。

我が律令法は、その制定後、やがて公家法として変質しながらも、中世末期に至るまで実定法としての効力を保ち、それは更に十九世紀後半、明治政府によって西欧近代法が継受されるまで形式的には廃止されることなく、千年余の間、国家公法として生き続けたのである。

このような長期にわたる律令法存続の蔭には、とりわけ法律専門家としての明法家たちの然るべき努力と労苦とが当然に存在した筈である。殊に時代や社会の状況の変化に応じ得る条文解釈の展開とそれに伴なう新しい法理の創造は、明法家に要求された切実なる実践的課題であった。明法家もまた、それに応えて、その時々の正義に適った法的紛争の解決の為に独特の法解釈理論を作り上げようと専念したのである。

我が国では、八世紀の初頭、最初の本格的な成文法典である大宝、養老の両律令が成立した。この律令法典を編纂、起草するに当って、律令の撰者は、自分たちの立法作業が正当性を有することを理由づける課題とも同時に取り組まなければならなかった。即ち、この法典の個々の条文の起草をめぐって、立法に携わる人たちの間に見解の対立や意見の相違は当然に存在したであろうし、又一方で彼等は、この法典の運用の任に当る実務官僚に対し、この法典の個々の条文がそれぞれに正当性を持つことを理由をあげて説明する必要もあったであろう。その場合、我が律令撰者は、どのような立法上の理由づけを行なったのであろうか。

右に関して今、結論のみを述べるならば、我が律令撰者は立法作業を行なうに当り、その条文の立法の必要性を実質的に理由づけると同時に、この法典の構成、体裁、内容、文章、用語等に至るまで、できるだけ唐代法典のそれを踏襲しようとした。その際、我が国情により唐代法典に変更を加えて、それを継受する場合においても、その変更した内容にふさわしい法規を唐の律令格式、或は礼等の中から広く探し出そうとした。なおそれらにも見当らないときは、更に溯って唐以前の中国歴代の制や中国の古典にも求めた。このようにして我が律令撰者は、新しい内容を盛りこんだ立法を行なう場合にも、その正当性の根拠を権威ある既存の法典や法規に求めて、新法の定立が恣意的にならぬように制禦し、且つ新法に説得力をつけようとしたのである。

その際に用いられる手法が「因循」と呼ばれるものである。「因循」の訓は、「よりしたがう」であるが、法制史料に現われる「因循」の原義は、弁論における対立が生じたとき、相手方を説得する為の拠り所を求めるということである。即ち、それは新しく立法作業を行なう場合、その立法の正当性の根拠を権威ある既存の法典や法規に求めて、そこに相手方をして納得せしめるに足る拠り所を得ようとする手法だといえよう。

この「因循」の手法は、立法作業のみならず、事実関係に法規範を適用する場合にも用いられた。それが本報告で取り上げた明法家の解釈技法の一つである「因准」である。

二

平安・鎌倉時代の法制資料に見える「准」、「准因」、「准拠」、「准的」等の語は、すべて「因准」と同義語である。「准」には「なぞらえる」と共に、「よる」、「したがう」、「のっとる」、「依拠する」等の意味があるから、右の語に見える「准」も「循」と同義であり、「因准」は「因循」に由来する語のように思われる。そうであるとすれば、「因准」も、その原義は相手方を納得せしめるに足る拠り所を求めるということであろう。即ち、当該事案に適用すべき明文規定が存しない場合、或は社会生活の変動により実定法規をそのまま適用しては不都合な結果を生ずる恐れある場合、法適用の正当性の根拠を既存の法規に求め、そこに適法性、合法性、法的安定性等の機能を求めようとする技法が明法家の「因准」というものであろう。

それでは明法家によって「因准」なる操作が行なわれる場合、いかなる論拠に基づいて、いかなる議論の組み立て方が為され、いかにして結論の正当化が行なわれるのであろうか。即ち、「因准」の論理構造は如何という問題である。しかし、「因准」の論理構造を抽象的に析出することは決して容易ではない。何故ならば、「因准」の態様は必ずしも一様ではなく、その内部構造も複雑であり、しかも明法家は「因准」を必ずしも理論的に対象化していないからである。今、あえて「因准」の構造を分類するならば、それは凡そ次の三つの類型に分けられるのではないかと思われる。

その第一は拡張解釈を一定程度まじえた類推の方法によるものであり、これは「因准」の用例中、最も多いものである。その第二は事案に関係する律令格式等の法源を複数、論拠として示し、それら相互の体系的連関を考慮しながら事案解決の為の法的基準を創造しようとするものであって、今日の論理解釈、体系的解釈に近いものである。その第三は従来の実定法規をそのまま適用すると妥当性を欠く恐れある場合、その一般的効力は原則という形であくまでも保持しながら、一定の要件つきで例外を設けるという手法であって、その理由づけの根拠に律令法の原理や理念を援用するものである。

これら三種の「因准」の類型を通じて、なお「因准」なる操作にとって重要な原則があった。それは法曹至要抄の案文に見える「因准ノ文ヲ以テ折中ノ理ヲ案ズベシ」という言葉である。右の「折中」とは日唐賊盗律に存する語であって、ほどよい判断をする、人情に適った判断をする、人々をしてなるほど尤もだと思わせる判断をするというような意味であり、衡平、実質的正義、具体的妥当性等に近似する律令法の理念である。そうすると、前掲法曹至要抄に見える言葉は、明法家が律令条文を解釈、適用する場合、「因准」という技法によって、人々をして納得せしめるような中正な法理を案出しなければならないということをいったものであろう。即ち、明法家は「折中」に適った妥当な結論を導き出すことを視野に入れながら、一方では既存の法体系との整合性をはかるという二つの異なった操作を進めて行かなければならない。更に「折中」と「因准」との関係についていえば、「折中」は「因准」を方向づけ、「因准」は「折中」を正当化するものといえよう。

かくして、「因准」は「折中」という理念によって導かれると同時に、この理念が暴走するのに歯止めをかけるという重要な機能を有することとなった。法の運用に際し、「因准」の要素が濃厚になって、「折中」の要素が稀薄になると、実生活から遊離した法律家のいわゆる机上の空論が横行し、逆に「折中」の要素が濃厚になって、「因准」の要素が稀薄になると、法創造が恣意的に行なわれて強者の支配する実力の世界となる。しかし「因准」という論理と「折中」という理念が互に他をチェックし、その関係が適切に維持される限り、既存の法体系との整合性を保ちながら新たな法創造が円滑に行なわれるということになるのである。

三

ここに明法家による「因準」の議論の過程を整理するならば、それは凡そ次の三段階から成るといえよう。

㈠　提起された個別、具体的問題に即して、この問題を適正に解決する為の論拠を広く律令法体系の中から見つけ出すこと。

㈡　かくして見つけ出された法的論拠により、又は複数の法的論拠の組み合わせにより、当該個別、具体的問題を正しく解決する為の法的規準を創り出すこと。

㈢　かくして創り出された法的規準の適否は、もっぱら「折中」によって検査、確認すること。

今、㈠を発見、㈡を証明、㈢を結論と呼んで部門分けをすることもできよう。㈠でいう論拠も我が律令格式、令義解、有力学説、儀式、太政官符、別当宣から更には唐の律令格式、及びその注釈、礼記、論語等の儒教の古典に至るまで、まことに多彩である。又これらの論拠から、いかにして問題解決の為の新しい法的規準を創り出してくるか、㈡の方法も決して一様ではない。即ち、論拠の見つけ方も、証明の仕方も、提起された問題状況によって異なるのである。かかる「因准」の技法により、いかに説得力ある「折中」の法理を生み出して行くかが明法家としての腕の見せ所であった。明法家はその腕前を磨く為、日夜研鑽に努めたのであり、政事要略や法曹類林等の法書は、その為の格好の教材としての性格をも併せ有するものであったといわねばならない。

しかし平安時代の後期、十二世紀半ば頃から、明法家による「因准」の技術も次第に生気を失って来たようである。何故、生気を失って来たのか、その理由を一言にして説明することは難しいけれども、社会構造の急激なる変化に伴なって、律令法と現実生活との乖離が法解釈、法適用の手法だけではもはや埋め難くなって来たこと、また律令国家の変質に伴ない、特定氏族の世襲による官庁業務の請負的運営が進行し、明法家もその例から免かれるものではなかったこと等と無関係ではないであろう。それが明法家の学問意欲の上にも暗い影を投じることとなり、その解釈理論の急速な衰えをもたらすこととなる。そもそも、「因准」なる操作を行なう為には、何よりも先ず律令法体系に関する豊かな教養と律令全条にわたる正確な知識を不可欠とする。それなくして「因准」を行なわんとすれば、それはいきおい牽強附会な解釈に陥らざるを得ず、その結論も説得力を欠くことになる。それがまた明法道の権威を失墜せしめ、一般から疎んじられる原因をつくることに繋がるのである。

ここに従来の明法家が苦心して展開した「因准」の技法、即ち当該事案が何故その律令条文等に「因准」し得るかという苛酷な緊張の強いられる思索の行程は一切省略され、その理由づけの労苦は忘却されて、ただ結論のみが次代の明法家に伝えられることになる。また明法家が新しく「因准」なる技法を用いる場合も、それは律令条文中の章句の断片を律令法全体の理論構成と切り離して摘出し、その章句の断片的な意味のみに依拠して結論を引き出そうとする。かくして、「因准」のロゴスを維持し、それを発展せしめんとする明法道の学風は失われ、「因准」と「折中」との均衡のとれた関係は崩れて、「折中」を正当化する為の「因准」の厳格な思考は後退し、「折中」のみが前面に押し出されて、それが独り歩きし、「因准」の法創造に対する合理的コントロールという機能が正常に果されない事態を招来することになる。やがて「折中」の名の下に、次々と新法が生まれ、「折中」の為ならば、いかなる法の定立もゆるされるという実力の支配する中世法の世界が現出するのである。

しかし「因准」の技法が、このように安易に使用されて、次々に新法が生み出された当代においても、明法家は明法家たることを断念しない限り、律令法そのものを全く否定し去ることはできなかった。「因准」の技法は衰えたりとはいえ、それでもなお明法家は、古法たる律令法から「因准」の技法によって、実質上、新法を創り出しているのだという安堵感だけは手放すことができなかったのである。そして明法家にそのような意識のある限り、明法道も何とか辛うじて生きながらえたのである。法曹至要抄等の法書に掲げられている律令条文や学説等は、単なる権威づけやこけ威しの為にのみ、そこに引用されているのではない。「因准」の手法によって、そこから「折中」の理が創り出される為の法的な根拠として、それは極めて重要な意味を有していたのである。明法家による「因准」の技法が衰えた平安時代後期から鎌倉時代にかけて、それはもはや形骸化した存在に過ぎなかったけれども、それでもなお明法家は、それにすがって、それをば自己の生命の拠り所としていたのである。

四

以上述べたところから明らかなように、明法家は新しい法理を創造する場合、決してそれを恣意的、無制約的に案出するのではなく、その為には「因准」等の解釈技法によって、その時々の法創造の正当性を理由づけるべく努力をしつつ現実の要請に応えたのであった。この明法家たちの法解釈の技術が巧妙であるか、稚拙であるかは明法家その人の学識や力量によって異なり、時代によっても差があったであろうが、明法家として生きて行く限り、明法家はかかる技術を操作し続けたのであり、又そのことによって明法家は法に忠実であるという外観を保つことができたのである。

さて、ここで現今の法学教育との関連において興味深い事実を指摘することができよう。八世紀初頭、我が国が律令法を唐から継受して、官吏養成機関である大学を設けたとき、そこには律令を専門に教授すべき教官やそれを専門に学習すべき学生から成る組織は存在しなかったといわれる。即ち、教授、学生を含めて、明経道のみならず、明法道、文章道をも修得する、いわば諸道兼学が律令の定める大学の制の原則であった。従って明法試の受験を志す学生は、単に律令のみに止まらず、更に経学をも併せて勉学しなければならなかったのである。しかるに、この制はやがて神亀、天平に至って解体し、明経科、文章科、明法科がそれぞれ独立することになると、明法博士はもはや経学を担当する義務はなく、明法生も専ら律令を修めれば、事足りることとなった。

しかし、律令の解釈、適用に際して、経学の知識は必要欠くべからざるものであり、とくに明法家が法規と現実とのはざまにあって法的安定性と具体的妥当性とを兼ね備えた結論を得る為の思考を苦悩しながら行わんとするとき、律令法の原点である経書に立ち帰って、そこに打開の道を探ることは最も有効な手段、方法であった筈である。このように考えるならば我が律令制定者が当初意図した大学制度は、その目的に最もよく適うものであったといわねばならない。明法科の独立は、いわゆる法律専門家集団の速成には一応の成功を収めたであろうが、それはやがて来たるべき明法道の衰頽を招く遠因をつくることにも繋がったのである。

〔原載―國學院大學日本文化研究所報一五七号、平成二年十一月〕

〔補記〕詳細は拙稿「因准ノ文ヲ以ッテ折中ノ理ヲ案ズベシ――明法家の法解釈理論――」『國學院法學』二八巻四号（平成三年三月）参照。

焼尾荒沈の禁制

水戸部正男

一

公家新制について二、三のことを記してみたい。律令の後身である公家法は太政官符、宣旨、官宣旨、院宣等を以て発布された法令で、その中に新制と称する法令があった。新制に最初に着目したのは日本法制史研究の草分けの一人として著名な三浦周行博士で『法学論叢』に七回八十余頁にわたる「新制の研究」と題する論文を発表し、鎌倉時代の公家新制について紹介されたのである。筆者は公家法を研究しているうちに、新制はすでに平安時代に始まり、南北朝初期まで四百年間に六十回余り発布されたこと。新制の最初は村上天皇の天暦一年（九四七）の六か条であること。鎌倉時代の新制は一般的に条文数が多いが、その原型は後白河天皇の保元年代（一一五六〜五八）の二つの新制に在ること。また公家新制の影響を受けて寺辺新制、家中新制および武家新制等が生れたことなどをたしかめることができた。

新制という語にはおよそ三つの意味がある。一つは新たに出された法律・制度ということであり、二つは新たに出された勅命・勅書ということであり、三つは、特にある種の法令を指称するもので、それは単行法令の場合もあったが、多くは数か条乃至数十か条（もっとも多いのは寛喜令の四十二か条）を一個の太政官符あるいは宣旨を以て発布し、各条はおおむね事書と本文から成り、内容的には勅命を以て革正すべき事項を指摘し、事に当る官に厳しく取締るべきことを命ずるものであった。新制という語から受ける印象とは違ってその内容は旧法や旧規定の遵守を命ずることが多く、例えば類聚三代格巻十九「禁制事」や延喜弾正台式に見える禁制諸条、政事要略の糺弾雑事条に含まれる風俗取締り等に関する事項であった。新制は律令的政治遂行の上で弊害となっているもの、不正な行為等を革正しようとする天皇または上皇の勅旨に基づいて発令されたものであったから、同じ内容の法令を何回発布しても常に新制と称して何等異としなかったのである。ただし鎌倉時代末期になると新制は倹約令と同義に用いられるようになったことは既に三浦博士が説かれている。

ところで、新制は律令政治遂行上の弊害と考えられたものを革正しようとする意図があって発布されたといっても、平安時代も十世紀半頃になると、一般に為政者の眼幅は狭く、法の目的も主として律令的な身分秩序の維持に置かれていたといわざるをえない。律令的な身分主義は、「尊卑貴賤おのおの等差あり、一定して僭踰するを得ず」(政事要略所引王制篇)という一語がよく示しているように為政者から見れば、身分をこえた服装、乗車、乗馬、従者員数、饗宴、賜禄等の行為はすべて僭踰であり、過差《かさ》であるとして憎悪にみちた非難の語句を使用することが多い。而して新制の対象はほとんど下級官人(六位以下)、地方官、下級僧侶らであって、取締りの責任者としては、延喜弾正台式に「凡そ新たに制を立つるの宣旨あらば検非違使に告げ示せ」と規定するように検非違使であった。新制の中には検非違使を対象に、彼等に取締るべき要項を示した永久4・7・12(一一一四)令の如きがあるのである。

新制は旧法、旧規定の繰り返しが多いが、中に即時代的内容をもつものがあり、それらを通じて時代の動向や実態、あるいは社会問題等を推測しうるものを見出すことができ、時に廃鉱の中に思いもかけぬ鉱脈の露頭を発見した人の感慨もかくやと思わせるような事柄に接する場合もなしとしないのである。若干を例示してみよう。

一条天皇の長保1・7・27(九九九)令の第五条は僧侶らが故なく京都に住み、その住家を車宿《くるまやどり》とすることを禁止する条文で、その本文によれば里舎に出入を厳禁されていた僧侶が京都市中に住宅を構え、禅念の処などと称していても、実はこれ「宴安の淵にして浄戒の珠瑩し難く忍辱の衣は垢と易る」として厳しく堕落の実態を剔抉しているのである。このようなことはこれより二十一年前に天台座主良源が廿六ヶ条起請（平安遺文に収む）においてすでに指摘した所と一致し、伝教大師滅後百五十年頃の比叡山が如何に多くの破戒無慚の僧侶をかかえていたかは驚くべきものであるが本新制はそのような実情に基づいて発布されたものであった。

保元の乱（一一五六）後には後白河天皇が藤原信西等を重用して鋭意皇権の発揚に努力したがその現われの一つとして、多数箇条から成る新制を元年、二年と続けて発布した点にあることをその内容上から挙げることができる。保元二年令の中に、病者孤子を京中路辺に棄つるを禁制する一条がある。同種の禁令は弘仁4・6・1（八一三）の太政官符、延喜弾正台式の病人出棄条、法曹至要抄（中ノ十四条）出棄路頭病人及小児条等にあり、事新しい禁令ではないが、保元の乱後の京都市内にかかる酸鼻な状況が見られたればこそ新制の一条に入ったものと考えざるをえない。

次に後白河上皇院政下に出された建久2・3・22（一一九一）令（この新制は保元一年令を継承し、他の新制に比較して統治法的性格が強い）第十六条の事書は「一、京畿諸国所部官司をして海陸盗賊ならびに放火を搦め進めしむべき事」とし、本文の中に「自今以後、たしかに前右大将源朝臣ならびに京畿諸国所部官司等に仰せ、件の輩を搦め進めしむ」云々と見え、ここに鎌倉殿源頼朝が重罪犯人追捕の責任者として登場してくるのである。これに類したものは後堀河天皇の寛喜3・11・3（一二三一）令第三十二条、第三十四・三十五両条の中にも見られる。すなわち第三十二条は諸国の海陸盗賊の追討に関するもので、その本文には「諸国司ならびに左近衛権中将藤原頼経朝臣郎従等に仰せ、殊に尋ね捜し宜しく禁遏せしむべし」とし、第三十四・三十五両条は「京中諸保夜行《よまはり》を催勤せしむべき事」と「京中強盗を停止せしむべき事」といずれも京都市中の警察的任務に関するものであるが、両条一括した本文には「宜しく諸衛等輩を定むべし、其の上左近衛権中将藤原朝臣に仰せ、在京郎従に令し、諸保に分居し、以て保長坊令を助け、□□一保声を出せば諸保聞くべく、一犬吠《はい》形すれば群犬響きに応ずること炳誡なり」と記している。これらは諸国の海陸盗賊の追討と京都市中の警備に関し、鎌倉殿藤原頼経に下令して治安の維持をはかったものにほかならない。鎌倉殿の名が全国の警備、京都市中の警備に関し登場してきたことは、鎌倉時代の国制に関する史料として看過できない。法制史家は文治一年（一一八五）に武家の棟梁である源頼朝が日本総守護、総地頭に任ぜられたことを以て全国の守護権（軍事警察権）の委任を受けたと見ているが、右の新制条文はかかる見解を支持する重要史料となしうるであろう。

また建暦2・3・22（一二一二）新制第二十一条は、「一、京中中媒《なかだち》と称する輩を停止すべき事。そもそも比来《このごろ》天下に下女あり、京中に中媒と称し、其の号《な》大いに法度に背き、其の企浅く罪囚に渉る。窈窕の好仇を和誘し、陋賤の疋夫に配偶し、或は偽りて英雄華族と号《な》づけ、或は謀りて西施《せいし》卞蔡《べん》(后か)と称し、偏へに人情を蕩《ゆる》がし、只身要と為す……」とあり、これは明らかに売春業者がはびこっていた事実を伝えるものといわなければならない。同種の新制条文は公家新制には他に見当らないが、武家新制の中に一か条あるのみである（鎌倉幕府追加法第一八五条）。

京都あるいは鎌倉のように他国から往来滞在する者の多かった都会にはかかる業者が発生したことが想像され、また条文の中にある程度その実態を窺い知る内容が盛りこまれていることは社会史の史料としても興味あるものといえよう。

二

焼尾《しょうび》荒沈《こうちん》の禁制は公武新制に関係し武家諸法度にまでその影響のある法令として注目すべきものである。語義について諸橋漢和大辞典は、焼尾とは㈠唐代初めて大臣に拝せられたものが例として食を天子に献ずること、㈡唐代士人の子弟が初めて進士に及第した時に行ふ歓宴をいうとしているが、「辞源」の説を承けているように見え、荒沈については事を怠り酒に酔ひしれる・すさみおぼれると説いている。何故焼尾といったかということについてはただ、唐代に行われた荒唐無稽な説を掲げるに止まっており、その他の辞典類も大体同じである。唐代において任官および進士及第のとき祝宴を行なう風習があったが、その風習および言葉まで奈良時代に日本に入ってきたのであろう。官人社会で仲間入りの振舞酒の風が盛んとなり、諸々の弊害を生じ世の顰蹙を買うに至ったものと思われる。ただし焼尾荒沈の語は続日本紀や令集解などには見当らないで、その初見は清和天皇の貞観8・1・23（八六六）の太政官符である。しかしこの官符には称徳天皇の天平宝字二年（七五八）の勅書が引用されているから、すでに奈良時代官人社会に見られた悪習で、おそらく焼尾荒鎮の語も行われていたと解して差支えないであろう。貞観の官符によって、その様子を窺うことにする。

一、諸司諸院諸家所々の人、焼尾荒沈また人を責め飲を求め及び時に臨み群飲を禁制
　の事。

右撰格所起請にいう。去んぬる天平宝字二年二月廿日勅書にいう。時に随って制を立つるは国を有つ通規、代を譲りて権を行なうは昔王の彝《い》訓なり。このごろ民間宴集して

動《やや》もすれば違僭のことあり。或は同悪相聚まり、濫りに聖化を非《そし》り、或は酔乱節無く、便ち闘諍を致す。理に拠りて之を論ずるに甚だ道理に乖《そむ》けり、自今以後、王公以下祭に供え患を療するの外酒を飲むことをえざれ、その朋友僚属内外親情、暇景に至りて相追訪すべきは先ず官司に申せ。然る後集まることを聴せ……而るに今、綸綍《ほっ》出でて後、年代久遠、有司解体棄てて行わず、これにより諸司諸院諸家所々の人、新たに官職を拝し、初めて進仕に就くの時、一に荒鎮と号し、一に焼尾と称し、此よりの外に人を責め飲を求め、時に臨みて群飲の類、積習常となす。酔乱度なく、主人常に財をつくすの憂あり、賓客曽つて身を利するの実なし。若し期約相違せば終いに凌轢を至し、営設具わらざれば定めて罵辱をなす。ただに争論の萌芽のみにあらず、誠に闘乱の淵源を作す。望み請うらくは、勅文に准拠し、厳かに禁止を加えん。てへり。……

一、諸家并びに諸人祓除《はらへ》神宴《かみあそびする》の日諸衛府舎人及び放縦の輩、酒食を求め被物《かつけもの》を責むるを禁制の事。

右同前起請にいう。諸家諸人六月十一月に至り必らず祓除神宴の事あり、絃歌酔舞神霊を悦ばさんと欲う。而るに諸衛府舎人并びに放縦の輩、主の招ねきによらず、好みて賓位に備わり、幕を侵して争いて門を突き自らいたる。初来の時は酒食を愛するに似たるも帰却するに臨みて更に被物を責む。その求めて給せざるや忿詰《ふんきつ》罵辱、或は亦神言に託して咀《そ》し主人を恐喝す。かくの如き濫悪年を逐い帷れ新たなり。彼の意況を推すに群盗に異ならず、豪貴の家すらもなお相憚るなく、何んぞいわんや無勢無告の輩においておや。是にして糺さずば何んぞ国憲をいわん。望み請うらくは厳かに所司に仰せ一切禁遏せん。てへり。……

貞観八年正月廿三日

以上、同時に出た右の二つの官符によって、任官・進仕（式部省の考試に及第した進士）等に伴って行われた仲間入りの祝宴を中国風に焼尾とも荒沈とも称し、それには大勢の者が押しかけ、ついに酔乱節を失い闘乱に及び、あまつさえ高価豊富な飲食に加えて被物（纏頭、引出物の類）を露骨に要求するという悪習がはびこっていたこと。しかもそのような悪習は日本の民俗である祓除、神楽などにさえ下級官人らが無作法な物ねだりをして豪貴の家すら困りぬいていた実態を指摘しているのである。このような悪習は、酒が附属しているだけに一篇の官符を出し、厳罰を警告しても直るというものではなかったであろう。現に同種の格が、天平宝字2（七五八）、貞観8（八六六）の他、昌泰3（九〇〇）、延喜6（九〇六）、天暦1（九四七）、延長3（九二五）、永観2（九八四）と発布されているのは、その効果がなかったことを物語るものと思われる。ところで焼尾荒鎮を新制として令したのは一条天皇の長保1・7・27（九九九）令で、一一か条から成るその第一〇条に見えるのを初見とし、以後、長保6・2・26（一〇〇四）、永久4・2・28（一一一四）、建久2・3・28（一一九一）、建暦2・3・22（一二一二）、寛喜3・11・3（一二三一）等の新制に継承されたのである。ともかく奈良時代から鎌倉時代半頃までの間に、七回の官符、六回の新制にこの問題がとりあげられたということは、弊害が甚だしく、為政者は革正を心がけたが、実際には効果ある取締りはできなかったと思われる。源義経が検非違使の尉に任官した記録（大夫尉義経畏申記――『群書類従』雑部所収）により、本来新制の禁制事項を取締るべき検非違使も、その任官には華麗な祝賀宴がついて廻っていたことを推測できることは官人社会では官符も新制も無視され、結局はただ成り行きに任かされていたのが実情であったと思われる。

三

ところで酒の伴う悪習は一人公家社会にのみ存したわけではなく、鎌倉時代の武家社会においても形は変わるが類似のことが行われていた事実を武家新制の一か条に見出すことができるのである。すなわち弘長一年（一二六一）の「関東新制条々」（執権北条長時、ただし時頼は在世中）第四〇条（追加法三七六条）には次の如く記されている。

延応行方　一、群飲を禁制すべき事。

遠近御家人参上の時、旅籠振舞《はたごふるまい》と称し、盃盤の設を堆《うずたか》くし、引出物と号して財産を貧るの条、世のため費あり、人のため煩多し。自今以後、之を停止すべし。かつまた客人饗応は皆略儀を存じ、過分を止むべし。

事書は群飲の禁制となっており、本文によれば鎌倉（おそらく京都でも）に参上してくる地方御家人の到着を待って、幕府（あるいは六波羅府）の役人が旅籠振舞と称する高価豊富な宴飲を強要し、かつ引出物をねだる悪習が行われていたことが知られる。なお事書の肩書に延応行方とあるのはこの法令が北条泰時によって延応年間に制定されていたことを意味する（佐藤進一氏）。筆者はこの説及びその他から武家新制なるものは執権泰時の延応年代に始まったことを論じ、右引用の条文は多分延応二年制定の武家新制（条文数不明なるも多数）に入っていたと推定している。而してこの条文はおそらく寛喜三年の公家新制第一三条などが直接参考となって生れたものであろう。（寛喜令は貞永式目の成立にも影響した）。周知のことであるが北条泰時は高潔な人格を謳われた武将であるが、彼の眼から見れば旅籠振舞の如きは苦々しい限りと映ったに相違ない。しかし延応から二十余年後に再び同種の禁令を出さざるをえなかったことは、かかる悪習を改めることは実際にむずかしかったことを示している。

次に建武式目（建武3・11・7＝一三三六）の第二条に「群飲佚遊を制せらるべき事」とあり、本文冒頭に「格条の如くんば厳制殊に重し」とのみあり、群飲の弊害を直接物語るような文言は全く見えていないが、本式目は第一条に倹約を行わるべき事を挙げ、鎌倉幕府・武家新制の伝統を継承した条項を初条に配していることから見ても当然ただ大勢で飲酒するの禁というよりは公家法の焼尾荒鎮禁止の格や武家新制の旅籠振舞禁止の伝統を継承した禁令を法の制定者は考えていたと思われる。また近世に入り、徳川家康の武家諸法度は建武式目に倣う条文が多いが、第二条に「群飲佚遊を制すべき事」の一条を置き、その本文も建武式目の表現に類し、「令条載すところ厳制殊に重し」とあり、本条も既述の公家武家両新制の目的としたところを継承しているものと見てよいであろう。武家にとって朝廷は対立的な別個の政府というような見方は本来なかったのであり、朝廷の法を遵守するという態度を鎌倉幕府以来当局者は堅持したことを看過してはならないと思う。

徳川家康は慶長一六年（一六一五）に諸大名に誓詞を奉らせたが、その第一条には、「右大将家以後代々公方の法式の如く之を仰ぎ奉るべし……」とあり、そこには徳川将軍を以て鎌倉幕府以来代々将軍と同一視する態度が見える。武家諸法度には続日本紀なども引用されており、令条載すところという文言も見え、あるいは建武式目に倣ういくつかの条文も目につくということは、公・武二法の伝統の上に自己の権威づけを意図していたと考えられるのである。

〔原載―創文一八三・一八四号、昭和五十四年三・四月〕

中世の神判について

――「刑政総類」所収、一分国法の起請条規にかかわって――

下村　效

一

内閣文庫所蔵「刑政総類」所収の「条目廿三ヶ条」は、昭和五十年、角田紀彦氏によって、天文二十一年以降制定、但し制定者不明の分国法として、初めてその全文が公にされている（「『刑政総類』所収の中世法関係資料について」〈『東京大学史料編纂所報』第九号〉）。

しかし、この分国法を子細に検討すると、これは永禄十年制定の著名の分国法「六角氏式目」の先蹤となる六角氏の条々であったこと、ほぼ疑いないようである。

その例証の第一は、公事に際して訴訟銭一貫二百文を訴論人双方から予め拠出させ、敗訴者分は収公するという他の分国法や幕府法に一切みられない一般的敗訴罰規定が、この「条目廿三ヶ条」と「六角氏式目」にのみ、共通して見られること、第二に、公事披露の式日が「六角氏式目」議定の十八日に一致すること、第三に、この条目は天文二十一年、国主の代替りに制定されたものだが、その年、六角氏では定頼が卒し義賢（承禎）が家督を継いでいること、第四は訴訟手続規定の多いこと、公事裁定について当知行安堵の原則を強調する等々、条文構成と内容に両者の共通するところ著しいからである。

そして、この分国法は右の六角氏との関係を無視するとしても、分国法として見逃し難い特色がいくつかある。

その一つは、「一銭切」についての規定であり、これは分国法での唯一の例であることは当然として、それが惣の自検断、地頭・荘官の村落支配のための盗犯重罰の法として成立すること、また諸説紛々として定まらなかった「一銭切」の語義を確定する事例となったことである。その二、この盗犯規定には起請、つまり神判条項が付随していた可能性が大きいこと、その三は境相論に関連して神判条項が明示されていることである。

実は、この三点ともに戦国法上の重要論点であり、論ずれば問題は多岐に亘らざるを得ない。そこでここでは、これらの課題を検討する過程で生じた中世神判についての問題点を整理し、試案を提示しておきたいと思う。

二

中世は神判の盛行した時代であり、時代別にみれば、鎌倉期の参籠起請、室町期の湯起請、戦国より江戸初期の火起請（鉄火）の三型があり、その他、鬮・神水、やや趣を異にする落書起請（雨起請）、あるいは村起請があった。

神判、とくに湯起請といえば直に想起されるのは大化時代の盟神探湯であるが、それは後、平安末期まで長く史上から姿を見失なう。律令と儒教受容による神判の非合理性・神秘性・原始性の排除と考えられている。

それ故、中世神判は古代神判の復活・再生と意識され、それはこの時代の神仏の威力観の増大、また世相の乱れ、殺伐の風潮によるものと説かれてきた。

しかし、中世法の根幹をなしたのは道理と証跡を重んずる現実的精神であり、その証拠法においては、第一に証文、第二に証人という方式が確立しており、その道理と証拠が不分明な時にのみ神判が採用されたのである。

これはいわば神証という第三の証拠であり、形式的証拠法の採用、また証言の確保手段といってもよく、ゲルマン法にもみられた中世法の特色であった。

つまり、中世神判を道理・証跡と全く異質の原理として把えるのは再考すべき余地がある。中世的なものを古代、この場合は盟神探湯につなげて考えるのは確かに有効、また魅力的な方法だが、中世神判は中世の神判として、その独自性を追求しなければならない。

三

では、中世神判はその対象と方法を時代と共に、どのように変化させてきたか。

概括していえば、対象は盗犯と堺相論、いずれも証拠不分明でしかも当事者が容易に譲り得ない事案である。これは堺相論がとりわけ所属の紛れる山・河原を対象とする村落相互の対立に絞られていくことで、一層、顕著に示される。

この点、中世後期の堺相論湯起請が集中的に畿内と近国、とくに近江に多く見られるのは、この地域にはその争訟に利害を共にし、それを共同して支える惣が発達していたからであろう。

また神判の形式は、前述のように参籠起請→湯起請→火起請（鉄火）という大勢があるが、そこには神判が次第に、失の出現は迅速に、その確率は高く、またより苛酷な形へと移ったことが歴然としている。

盗犯など刑事における神判は被疑者には最後に残された無罪証明の場であったが、検断者にとっては拷問の一方法でもあり、戦国・織豊・江戸初期にみられる鉄火は、その極限の様相を示し、まさしくこの時代の苛酷な刑事法系の中に位置づけられる。

一方、村落間の堺相論は室町期には湯起請であるにも拘らず、秀吉以降、江戸初期に、急に鉄火として多出し、しかも、その地域は畿内・近国のみならず、北陸・関東・東北と拡散する。

これは豊臣・徳川の統一政権が村落間の境相論などによる武闘禁止＝喧嘩停止をしたことと表裏の関係にあるのではないか。中世村落の自力救済（Fehde）が奪われた後も、公権力をもってしても正理を定め難い堺相論の事案には、時に神裁という形でのフェーデが僅かに残されたのであろう。過度期の統一政権では、そうした神判の余地を残しておくことが、却って自らの正当性を保障するものであったと考えてよい。

しかし、鉄火は公権力の一応の仲裁・裁定を拒んでなされる形をとるから、その失は神仏・権力に対する虚欺露顕として、最も苛酷に問われるのであり、鉄火取りの敗者は引廻しの上、処刑されるのが近世の定法となっている。

かくて、堺相論鉄火は統一政権のフェーデ否定に伴って採用された威嚇の法とみてよく、その政権の安定、村切りの貫徹などによって、元和の頃を終りとして消滅する。

ただ、刑事における鉄火例は室町期に遡り、織豊期・江戸初期に盛行するから、堺相論鉄火に少しく先行する。従って、堺相論鉄火は既に刑事で採られていた鉄火を威嚇の法として、民事に転用したと考えてよかろうと思う。

慶長十七年の山内藩の「条々」では、刑事の大犯は鉄火、境相論は鬮と明らかに区別しているのである。

四

この近年、中世・近世の神判に関する研究は少なくない。それらの中、近世鉄火に触れた論稿は、その敗者成敗などの近世的特色を指摘しながらも、全体としては鉄火を中世のものとみている。しかし、その根拠はいずれも頗る不確かであった。

そもそも、鉄火を中世神判史の中に的確に位置づけた先学の業績は、皆無といってよいのである。

この点、藤木久志『豊臣平和令と戦国社会』は、鉄火堺相論をフェーデとともに克服されるべきであった中世世界の負の側面の一つと見ており、統一政権による諸領主・村落のフェーデ否定は、喧嘩停止令→惣無事令→平和令という見事な概念構成で、この統一政権成立の新たなる意義づけに結ばれている。そして、そのことの示唆は十二世紀ドイツのラントフリーデ（帝国平和令）に得たという。

近世、あるいは古代の事象を中世に、外国の事象を日本につなげて考えることを恐れてはなるまい。それはまさしく必要かつ有効な方法だからである。しかし、それは魅力的なだけにまた深甚の注意を要すると自戒している。

〔付記〕本稿は当日の報告で及び得なかった、後半部分を補って形を整えた。なお、本年（昭和六十二年）三月発行の『栃木史学』（國學院大學栃木短期大學史学会）創刊号に詳論掲載の予定である。

〔原載―國學院大學日本文化研究所報一三五号、昭和六十二年三月〕

〔編者補記〕『栃木史学』掲載の論文「『刑政総類』所収の一分国法について――「前六角氏式目」なるべし――」は、遺著『日本中世の法と経済』（平成十年、続群書類従完成会）に収載された。

中国法の受容と徳川吉宗

高塩　博

一

八世紀初頭の大宝律令や養老律令が中国唐の律令法典に範を求めてできたものであることは、今や中学生でも承知の事実である。これ程大規模ではなかったけれども、江戸時代においても中国法の継受がみられた。これは存外知られていない。江戸時代中期以降、諸藩においても法の整備が進み、いくつかの藩で刑法典を編纂するが、その中に、中国の明律を継受した刑法典や刑罰法規集が見られるのである。藩刑法典の白眉といわれる熊本藩の「御刑法草書」が先駆で宝暦四年（一七四四）、以後、越後新発田藩「新律」（天明四年）、同「徒罪規定書」（寛政十二年）、会津藩「刑則」（寛政二年）、弘前藩「御刑法牒」（寛政九年）、和歌山藩「国律」（享和年間以降）、同「国律補助」（天保元年以降）、土佐藩「海南律例」（文久元年）と続く。江戸時代の藩刑法典はさほど数多くが知られている訳でもないのに、六藩までもが明律を採り入れたということは、わが国の法文化史上これを看過すべきではない。熊本藩は「御刑法草書」編纂の後、その運用にあたって明律のみならず清律をも積極的に利用している。また、天保二年（一八三一）に「刑罰掟」を定めた伊予宇和島藩では、「刑罰掟」に明文のない事案にぶつかったとき、第一には同藩の先例に当たり、先例なき場合には「律令要略」及び唐明の律を参照したという。つまり、中国の唐明律が幕府法に属する「律令要略」と共に、補充法として採用されていたのである。

すでに知られているように、明治初年の刑法は、政府部内の暫定的刑法として編んだ「仮刑律」（元年）、新政府最初の全国統一刑法典である「新律綱領」（三年十二月頒布）、いずれも明清の中国律に範をとったものである。「公事方御定書」や日本律なども参照したようだが、主に明清律を継受したのである。「仮刑律」などは明律条文を採り入れるについて、熊本藩の「御刑法草書」を参考にした。したがってこの時期、刑法適用につき諸藩より政府へ問合せた伺の中には、適用法文の根拠として明律や清律の条文を引くことも稀ではないのである。明治初期刑法とその適用に関し、江戸時代以来の中国律受容の伝統が有効に働いたと言ってよいだろう。言うまでもなく、江戸時代の刑法は幕府御定書が主であって中国律系統の刑法は従たる立場に置かれていた。ところが、明治初年においては中国律が中心的役割を担ったのである。

二

江戸時代、明律を中心として中国法を受容したについては様々な理由を挙げ得ようが、ここでは中国法受容に大きな契機をもたらしたものは何かという点に目を向けてみたい。それは、享保年間――とくにその前半――将軍吉宗の主導のもとに行なわれた中国法制の研究、とりわけ明律研究とその成果である、と私は考える。吉宗は「明律などをも常に好てよませ給へり」と評され（有徳院実紀）、奥坊主成島道筑に明律の講義を命じたりもした。しかし、後の明律継受にもっとも大きな影響を及ぼしたのは、高瀬喜朴『大明律例訳義』、荻生観『官准刊行明律』、荻生徂徠『明律国字解』の三者であろう。

『大明律例訳義』十四巻（本文十二巻、首末各一巻）は、享保五年（一七二〇）、吉宗が和歌山藩の儒者高瀬喜朴（号は学山）に命じて著述させた明律の和訳である。本書は平易にして且つ用意周到なる通釈で、難解な語句には割注による解説を施している。明律の何たるかを知るには恰好の書であるから、大部な筆写本であるにもかかわらず相当部数が書写されたようである。熊本藩でもやはり本書を所持し、「御刑法草書」の補充法としてこれを使用していた。

『官准刊行明律』は、幕府儒官荻生観《たすくる》（号は北溪、徂徠の弟）が訓点を施した明律である。享保七年（一七二二）十月、その業を終え、翌八年に京都及び江戸の書肆より刊行した。その後幾度も版を重ねて明治に及んでいるので、本書は全国各地方にゆき渡った。跋文に「二三ノ兄弟ト訳シテ以テ刊シ、海内ヲシテ其ノ故ヲ知ラシム」とあるから、明律を周く天下に知らせることが刊行の目的である。荻生北溪はまた、盟友二十一名とともに明律研究会を開き、その盟主となっている。これには幕閣の松平和泉守乗邑、黒田豊前守直邦、本多伊予守忠統が加わっているから、官命による研究会であったと推測される。恐らく、『官准刊行明律』はここでの成果をも盛り込み、幕府の許可を得て――というより吉宗の内命をうけて――刊行されたものであろう。つまり、明律の研究会にしてもその刊行にしても、将軍吉宗が大きくかかわっていたと思われるのである。

『明律国字解』三十七巻は、荻生徂徠の手になる明律の語釈で、はじめ写本で広まり、後に刊本が出され、明治に至ってなお版を重ねた。明律註釈書としてはもっとも著名なものであるから、明律研究やその受容に際しては大いに参考とされたであろう。さきの明律研究会には徂徠門下の服部南郭、安藤東野、三浦竹渓らも参加しており、その竹渓が研究会の盟約を「徂徠先生条約」として伝えるから、徂徠は研究会において指導的役割を果たしていたのかも知れない。ともあれ、徂徠が何らかの形で研究会に関与していたことが推測されるし、『官準刊行明律』の跋文に「一二三ノ兄弟ト訳シテ以テ刊シ」とあるように、明律への訓点作業にも徂徠が参画していた可能性が強い。『明律国字解』はこうした過程で形成されていったのではなかろうか。天理図書館に所蔵される徂徠自筆の未定稿「明律国字解」がいつ頃成立したのかは不明である。ただ、徂徠高足の太宰春台がこれを浄書したとおぼしき筆写本が現存し、これに享保九年（一七二四）五月とあるから、その頃には現在の形に出来上っていたようである。

右にみたように、三書ともに将軍吉宗の命によるか、その意向の反映として成ったものである。以後、明律を利用するには、その本文を『官準刊行明律』によって見、解釈に関しては語釈の『国字解』と通釈の『訳義』とによってこれを理解したであろう。享保以降、他の註釈書もできてくるが、その解釈のすぐれていること、広く流布したことなど、『国字解』『訳義』の右に出るものはないように思う。

三

さて、吉宗について「有徳院実紀」は「法律の書は紀伊家にまし〳〵けるほどより好ませ給ひ、御位につき給ひて後も、ます〳〵御覧ありしが、荻生惣七郎観、深見久大夫有隣、成島道筑信偏、高瀬喜朴某等に命ぜられて、考へたてまつりし事少なからず」と記すが、吉宗は右の人々に中国法制に関する様々な質問を発し、これに対す回答が『名家叢書』七十八冊中に収められて残っている（国立公文書館内閣文庫蔵）。甘藷先生として名高い青木昆陽もその回答者の一人で、彼は中国歴代刑法の概略を和文で記した「刑法国字訳」十二巻を著し、元文二年（一七三七）これを吉宗に献上した（同文庫蔵）。これも当時の中国法制研究の盛行に触発されたものではなかろうか。又、吉宗は享保十年（一七二五）以前に唐律疏議の校訂を荻生北溪に命じた。その後幕府は、北溪校訂本に手を加えて官版唐疏議を刊行し（文化二年）、これによって唐律疏議は飛躍的に流布し、中国律の理解におおいに役立ったのである。

四

以上にみたように、江戸時代における中国法受容の画期は、享保初年より十年頃までにおける徳川吉宗の意向と、それによって導き出された成果に存したと言えるであろう。吉宗の中国法制に向けた関心は、単に学問としてではなく、享保改革の実地に参考とする意志に出たるものであるが、それが当時の幕府法制の整備その他にどの程度の影響を与えたかを具体的に確かめるのははなはだ困難である。現在知られるのは、享保五年採用の敲・入墨の刑罰が明律の笞杖刑および刺字を継受したものであり、同三年採用の過料が明律の贖銅制より示唆を受けたと考えられている程度である。このように、中国法が幕府に与えた直接的影響はきわめて少なかったとされるのである。しかし、諸藩に対しては、享保期の『大明律例訳義』『官準刊行明律』『明律国字解』等を媒体として明律の影響が徐々に広がり始めるのであって、中国法受容に果した徳川吉宗の功績は、これを見逃がすことができないのである。

〔原載―國學院大學日本文化研究所報一二九号、昭和六十一年三月〕

〔補記〕 本稿に関連した左記の拙文も参照していただければ幸いである。

。「江戸時代享保期の明律研究とその影響」　池田温・劉俊文編『日中文化交流史叢書』第二巻法律制度所収、平成九年、大修館書店

。「江戸幕府法における敲と入墨の刑罰」　小林宏編『律令論纂』所収、平成十五年、汲古書院

「刑法新律草稿」の発見

高塩　博

一

本年（昭和六十三年）二月十六日、東京新聞朝刊の第一面に、

○「刑法新律草稿」百二十年ぶり発見
○維新で埋没した初の統一刑法典
○遷都以前に起草／一二〇条、体系的な体裁

という見出しで、「刑法新律草稿」の発見について大きく報じられた。記事の冒頭には、

明治元年（一八六八）末、わが国初の統一的な刑法典として京都で編さんされながら、維新の混乱の中に埋もれ、存在が知られていなかった「刑法新律草稿」が、起草から百二十年ぶりに、東京大学法制史資料室から発見された。

とあり、また、明治法制史の大家手塚豊氏（慶應義塾大学名誉教授）の話として、
明治元年、京都にいた刑法官が、各府藩県からの問い合わせに応ずるため、部内の準則として「仮刑律」なる刑法を作成していたことは知られていた。しかし「仮刑律」を整備し、施行を予定するような「法典」が編さんされていたのは、これまで全く知られてはいなかった。明治法制史において、特筆されるべき発見だ。

という記事も載せられている。その後、同じ内容の記事が二・三の地方紙にも掲載された。

新聞掲載のきっかけは、私が法制史学会東京部会（一月二十三日、於専修大学）において、『刑法草書』及び『仮刑律』についての管見」という題の研究発表を行なったことにある。この発表を伝え聞いた東京新聞の記者が私のもとに取材におとずれ、発表の後半部分について、右のような記事となった次第である。

近年、考古学上の発見を中心として、新聞に歴史記事が掲載される機会がふえたとは言うものの、なにせ明治時代の刑法のことである。どう考えても、これが一般の人々の関心をよびおこすはずはなく、はたして記事になるのだろうかと危ぶんでいた。ところが案に反し、第一面に大きく載ったのだから驚きである。

そこで、「刑法新律草稿」発見のいきさつとその内容について、かいつまんで述べようと

思う。

二

ここ数年来、私は当研究所において「近世における中国法受容の研究」というテーマのもと、江戸時代の幕府や諸藩が、唐・明・清の中国法をどのように受け入れてどのように活用したかという研究を続けている。とりわけ、高瀬喜朴という一般には知られていない学者が、八代将軍の徳川吉宗の下命によって著した『大明律例訳義』という明律の逐条和訳の書について、それの研究と活字化に力を注いで来た。本書は、荻生観（徂徠の弟で幕府に仕えた儒者、北溪と号す）が著した訓点本明律とともに、江戸時代の明律受容にもっとも大きな役割をはたしたと思われる。その活字化の作業が一段落しつつあった昨年の夏、藩の刑法中もっともすぐれていると言われる熊本藩の刑法典「御刑法草書」の調査に着手したのである。

「御刑法草書」は、高瀬喜朴の『大明律例訳義』も参照しながら、中国の明律をとり入れた刑法であり、ほかの藩に先がけてできている。この刑法の成立過程・実施状況の研究と伝本の調査のため、八月の下旬より、熊本大学附属図書館に寄託されている永青文庫（熊本藩主細川家の藩政史料）・熊本県立図書館・都立中央図書館などを歴訪し、ひきつづいて九月下旬よりは、東京大学の法制史資料室にたびたびおじゃました。今度見つかった「刑法新律草稿」は、同資料室において「御刑法草書」を調査している最中にめぐりあったものである。

熊本藩の「御刑法草書」は、江戸中期の宝暦年間より明治初年までの百十年もの間使われたので、写本も数多く伝わっている。今回の調査により、東大法制史資料室には少なくとも五本の伝本――『御刑法草書附例』（乾坤二冊）という非常に貴重な一本と端本を含む他の四本――の所蔵されていることを確かめた。「御刑法草書」の伝本は、「刑法草書」「御刑法秘録」「律御草稿」「刑律」「刑書」「肥後国律」など、さまざまな名称をもっている。そこで、これらの書名をさがし出すために、東京大学法学部の目録カードを検索したところ、幸運にも「刑法新律草稿／一冊／写本」というカードを引き当てたというわけである。

書名からして、おそらく「御刑法草書」の一伝本であろうと予想しながら、早速に閲覧を申し出ると、濃紺の表紙でやや小型の冊子（タテ25・7、ヨコ18・2糎）が出てきた。中を開くと、十行罫紙五十六丁に漢字片仮名まじり文の本文が楷書でていねいに筆写されている。しかも、一行にはきちんと二十字が詰めこまれ、朱の読点まで打たれている。一見して、書記役が清書したものとわかる。そして、内容はあきらかに「御刑法草書」とは異なる別な刑法である。しかしながら正体不明。手掛りとなる奥書や識語の類がいっさい存せず、印文も「東京帝国大学図書印」だけなのである。

正体をつきとめるには内容を検討するしかないと考えて、まず巻頭の目次をみた。すると、本書は名例・賊盗・闘殴・人命・訴訟・捕亡・犯姦・受贓・詐偽・断獄・婚姻・雑犯の十二編一二〇条からなる刑法であるらしいことがすぐに理解できた。そして、十二の編名は明・清の中国律にすべて存するので、本書を中国律系の刑法典とみなしてほぼ間違いなかろうと考えた。ついで、第一編の名例を読み進むと、「府藩県」という語が目にとまり、「王政御一新ノ御仁澤ニ浴センコトヲ要スヘシ」とも出てきた。本書はどうやら、明治四年七月の廃藩置県よりも前に、明治政府がつくった刑法のようである。

廃藩置県以前に明治政府が編んだ刑法としては、「仮刑律」十二編一二一条と「新律綱領」十四編一九二条の二つが知られているにすぎない。「仮刑律」は、上野山の彰義隊がまだ健在であった慶応四年（明治元年）閏四月頃までにできており、政府が部内の準則として用いていたきわめて不完全な刑法である。「新律綱領」は、明治三年十二月、明治政府が全国の府・藩・県に頒った最初の統一刑法典である。両者はともに、西欧の近代刑法を学ぶ以前にできた中国律系の刑法である。

「刑法新律草稿」が右の二つの刑法となんらかの関係があるのか、あるいはまったく別の刑法であるのか、この点を調べるために、ふたたび法制史資料室の方にお願いして、明治三年十二月頒布の木版本の「新律綱領」を出していただいた。それと比較してみると、編名も条文内容も異なっている。今度は「仮刑律」と比較しようと考えたが、活字本の「仮刑律」がみつからない。その場での比較はあきらめたが、「仮刑律」とは別の刑法典であるように思われた。なぜなら、「刑法新律草稿」の方には、自宅謹慎を命じる咎刑《とがけい》という刑罰を設けており、それだけでなく、刑法制定の目的や運用の心得を述べた条文を名例編の最初の方に置いていたからである。私は、これらのどれも「仮刑律」の中に見た記憶がなかったのである。とにかく、時間の許すかぎり筆写することにし、同時に写真撮影を申請してその日は帰宅したのである。

三

帰宅後、心踊らせて、「仮刑律」と筆写してきた部分とをくらべてみた。すると、名例より雑犯までの編名もその順序も、共に同じであった。個々の条文も、文章は異なるものの、同じ内容のものが多い。各条文の文章は、「刑法新律草稿」の方が簡潔で洗練されている。この時に初めて、「刑法新律草稿」は「仮刑律」を修訂したものであろうと推定したのである。

その後まもなく写真が届いたので、それを検討して次のことがわかった。

(1)「刑法新律草稿」は、十二編一二〇条から成り、体系的な構造をもっていること。巻頭に総則的規定を集めた名例編を置き、以下の十一編に各則を分類配置している。この形式は現行の刑法と同じである。江戸幕府の「公事方御定書」下巻(いわゆる「御定書百箇条」)やその系統に属する藩刑法が、条文を羅列的に配列しているのにくらべ、「新律草稿」は刑法典としての体裁をよく整えている。

(2)「新律草稿」は、おそらく、最初の統一的な刑法として、全国の府・藩・県に頒ち、そして施行する目的で、明治政府がこれを編纂したらしいこと。

(3)「新律草稿」は、新政府がまだ京都にあった明治元年十一月頃より翌二年正月頃にかけての短期間につくられたこと。

(4)その内容は、はじめに推定した通り、「仮刑律」を土台として、これを改訂しあるいは補充し、体裁も整備した刑法であること。

(5)したがって、「新律草稿」は「仮刑律」と同じく、熊本藩刑法の「御刑法草書」と「大清律例彙纂」という中国の清律註釈書、この二書をおもな編纂材料としていること。後者もまた、天保年間、熊本藩々校の時習館が訓読点や旁註を施して読みやすくした訓訳本を利用している。本書は「御刑法草書」の補充法として、熊本藩が刑事裁判の実務に用いたものである。

(6)このように熊本藩刑法の強い影響下にできた「新律草稿」であるだけに、「刑法新律草稿」という名称についても熊本藩「御刑法草書」からの影響が考えられること。新聞には、別の「史料を調査中に偶然、発見した」と書いてあるが、単なる偶然でないことはおわかりいただけるものと思う。

つぎに、「新律草稿」の特徴をいくつか示しておこう。一目見てすぐに気がつくことは、「公事方御定書」に定める鋸挽《のこぎりびき》・磔《はりつけ》・火罪《かざい》（火あぶりのこと、放火犯に科す）などの残酷な刑罰が姿を消していることである。「新律草稿」の定める死刑は、梟・斬・絞の三種である。もっとも重いのが梟で、これは打首ののち、見せしめのために首をさらす刑であろう。今日からみれば、打首はとてもむごい刑罰であるが、江戸時代の各種の死刑からすれば、その残忍性はいちじるしく減っている。また、江戸時代の死刑には、田畑・家屋敷・家財などの財産の没収をあわせ科すことが多いが、「新律草稿」では謀反大逆罪を除いてそれが無くなっている。

第二の特徴としては、死刑に相当する犯罪の数を大幅に減らしていることである。窃盗罪について見ると、十両を盗んだだけで死刑となる「公事方御定書」に対し、「新律草稿」では百両までの窃盗を死刑としない。百両以上を盗んだときでさえ、そのたびに協議して死刑にすべきかどうかを決めると定めている。

第三の特徴は、今の懲役にあたる徒刑を採用したことであろう。「新律草稿」は、江戸時代にさかんに行なわれて弊害の多かった追放刑を廃止し、これを徒刑にきりかえている。そしてこの徒刑に教育的配慮が認められることは注目すべきことである。徒刑の労役は、日中、山野の開拓や道路の整備などの土木作業に従わせることである。注目すべきは、餘暇の手仕事に賃金を支給し、これを積み立てておいて釈放時の生業資金とさせ、また、時々には心学の講話をきかせて悪心を悔い改めさせるように定めていることである。

江戸十里四方追放とか江戸払とかいう追放刑は、立入り禁止地区の外では犯罪人は野放しの状態である。このような旧来の刑事政策からみれば、「新律草稿」の徒刑はずいぶん近代的になったと思う。

このように刑をいちじるしく軽くし、刑罰の内容にも改良を加えたことは、たいへん有意義である。これを踏まえ、「新律草稿」は明治新政府の善政を強調して
○王政御一新ノ御仁澤ニ浴センコトヲ要スヘシ（名例・徒刑ノ項）
○王代ノ古ニ復セシ時ナレハ、勤テ仁恵ヲ施シ、善道ニ化育センコトヲ要トス（名例・新律趣意）
と述べ、又、これを刑政の基本方針ともしている。いかにも、政権交替後まもなくの刑法典らしい表現である。

なお、「新律草稿」のできた明治元年末頃は、江戸時代の士農工商という身分制がそのまま続いていたから、庶人の刑罰とは別に、士分階級を優遇する刑罰を設けている。この点は、江戸時代の旧態を温存しているのである。

しかし反面、次のようなことが言える。江戸幕府の「公事方御定書」や諸藩の刑法典は、おもに庶人階級を対象とし、武士階級を除外しているのが一般的である。これに対し、「新律草稿」は、武士階級と庶人階級とを区別しながらも、国家の全階級を対象とした刑法である。このことも、近代刑法へむけての一歩前進と言えるだろう。

四

新政府は、慶応四年の九月八日に年号を明治と改め、同月の二十二日は難敵の会津藩を降伏させた。このようにして着々と権力の基礎を固めつつあった新政府は、十月二十八日、まだ独立の統治形態を保つ全国の藩に対し、はじめて指令を発した。つまり、諸藩の職制を統一するために、藩主のもとに執政・参政・公議人をおくべきことを指令したのである。

続いて二日後の十月晦日、政府は全国の府・藩・県にむけて、新刑法をつくるまでの間の刑罰について、つぎのような指示を出した。それは、(1)新刑法を布くまでは旧幕府の「公事方御定書」を用いること、(2)磔という残酷刑は、主殺し・親殺しの大逆罪だけに用いること、(3)他の重罪と焚刑（火あぶりの刑）は梟首（打首ののち首をさらす刑）に変更すること、(4)罪人を追いはらってすます追放・所払の刑をやめて、これを懲役刑の徒刑にきりかえること、(5)死刑は天皇の裁可を仰ぐため、刑法官（刑事司法を担当する政府の役所）へ伺い出ること、などである。

したがって、各藩ごとにばらばらであった刑法を統一するための新律起草の議は、この頃日程にのぼったと考えられる。国家の刑罰権を確立して治安を保ち、全国一律の公平な刑罰を科す規準となる刑法を制定することは、明治政府の全国統治にとって、何よりも急ぐべき仕事である。幸いなことに、この当時は「仮刑律」という刑法があって、全国の府・藩・県からの問い合わせや刑法官管内の裁判の準則として、時々に改訂を加えながらこれを用いていた。そのために、とりあえずはこの「仮刑律」を修正・整備して統一的な刑法典をつくろうとしたのではなかろうか。このようにして、わずか三ヶ月足らずの間にできたのが「新律草稿」であったと考えられる。

ところが、「新律草稿」は、起草後ただの一度も用いられずに、すぐさま忘れ去られてしまう。明治二年三月、「新律綱領」の編纂が東京で始まるが、その関係者は、前年の暮かまたは正月の頃までに、京都において「新律草稿」ができていたことを知らないのである。「新律綱領」の編纂に「新律草稿」を利用した形跡はみあたらないし、水本成美や村田保等の「綱領」編纂者も本書についてひとことも語っていない。このような有様だから、「新律草稿」の存在を指摘した研究論文が出なかったのも、無理のない話である。

それにしても、「新律草稿」はなぜ埋没してしまったのだろうか。本書が失なわれた結果、明治政府の統一刑法典の出現は二年ほど遅れてしまった。明治二年二月二十四日、政府は太政官を京都から東京に移す布達を出すので、その時の移動の混乱にまぎれて失なわれたとも推察されるが、事の真相は明らかでない。「新律草稿」の編纂者についても、なんら知ることができないのである。

「刑法新律草稿」は、一二〇〇年ぶりに法典それ自体が発見されて、ようやくその存在が明らかとなった。二年後の「新律綱領」にくらべて、やや未熟な感のするのは否定できないとしても、明治政府がこのような早い時期に統一刑法典をつくりあげていたことは、今まで想像もしなかった事実である。「新律草稿」の発見は、明治政権の確立過程や明治刑法史の考察に新しい材料を投げかけたと言えよう。しかし、いずれにしても、「刑法新律草稿」はさまざまな謎を秘めた刑法である。

〔原載―國學院大學日本文化研究所報一四二号、昭和六十三年五月〕

〔補記〕「刑法新律草稿」についての詳細は、拙文「新出の『刑法新律草稿』について――「仮刑律」修正の刑法典――」(手塚豊編著『近代日本史の新研究』Ⅷ所収、平成元年、北樹出版)を参照されたい。その後、「刑法新律草稿」の影印が、右の拙文とともに『(増補)刑法沿革綜覧』日本立法資料全集別巻二(平成二年、信山社出版)に収載された。

新律綱領の虚像と実像
——法原理とその運用実態の関係をめぐって——

後藤武秀

はじめに

明治三年末頃から明治十四年末まで十数年間実施された新律綱領は、清律に大きな影響を受けて編纂された律令型の法典であり、明治十五年より実施された近代ヨーロッパ型の刑法とは著しい差異がある。すなわち、明治十五年刑法が人権思想に基づいて罪刑法定主義、責任主義を採用し、法定刑の面でも裁判官に裁量を認めるいわゆる相対的法定刑を採っているのに対し、新律綱領では、団体責任を定める規定、罪刑擅断主義を具現する規定、身分による刑罰の差異を容認する規定などを設け、また法定刑についても裁判官の裁量を認めないいわゆる絶対的法定刑を採用している。

このように新律綱領と明治十五年刑法との間には、思想的にも制度的にも大きな違いが認められるにもかかわらず、その後に起こった民法典論争に見られるような抵抗はほとんどなく、明治十五年刑法の導入は実現した。清朝末期の中国において、清律を廃し、岡田朝太郎の起草した大清刑律草案を実施しようとしたときに、激烈な反対論が起こり、実現に至らなかったのと比較すると、日本における状況は特徴的ですらある。

なにゆえに日本では近代ヨーロッパ型刑法の導入が、さほどの抵抗にあうこともなく可能となったのであろうか。もとよりその原因として、様々な政治的要因、新律綱領の実施期間の短かさ等が重要な要素を占めていることは言うまでもない。しかし、特に実務に携わっていた人々からの発撥がさほど認められないことを考慮してみると（清末において実際の裁判処理上の困難を理由とする抵抗があったことについては、島田正郎『清末における近代的法典の編纂』創文社・昭和五十五年・一八四頁参照）、新律綱領の運用実態の中に明治十五年刑法への移行に異和感を覚えさせないような要素が潜んでいたのではないかと推測される。言い換えれば、新律綱領は外形こそ近代ヨーロッパ型刑法と大差あるものの、運用のレベルにおいてはこれと相通ずるものがあったのではないかと思われるのである。

一　連坐規定の実際

新律綱領の同僚犯罪条は、四等官の連坐責任を定めた規定である。近代ヨーロッパ型刑法が個人的責任を支柱とする責任主義を採っているのに対し、同条は団体的責任および客観的責任（結果的責任）の原則を具現したものとされる。そこにおいては、職務上の犯罪（公罪）の端緒となる行為を為した者と同一の団体に所属する者は、当該犯罪行為と無縁であっても、また過失がなく無過失であっても、責任を負担するものと解されている。しかし、実際には必ずしもそうではなかったようである。一例を示そう。

『公文録・司法省之部二・明治七年一月・第三十三』に掲げられている「黒田長徳外三人旧秋月藩在職中紙幣届高増加ニ付同上（待罪伺）」なる資料は、旧秋月藩の事務を引き継いだ福岡県が藩札交換に際し、実際の藩札流通高と異なる報告を行ったために、職制律・上書奏事錯誤条に問われた事件の記録である。本件では、主典を所由、判官を第二従、次官を第三従、長官を第四従として、それぞれ一等ずつ刑を減じて科刑された（もっとも主典の刑は懲役二〇日であるので、次官・長官は減等の結果「無科」とされた）。第二従以下の者が何ゆえ科刑を受けたかを各人の進退伺をもとに見ると、判官と次官は、「会計懸権大属申出候ヲ其儘進達」したことに不行届があったと認めている。これは、自らが案件の審査に慎重を期して公罪の発生を防止することができなかったことを認めるものであり、責任類型としては自己の職務遂行上の過失を示すものと考えられる。次に、長官の進退伺には、「齟齬仕候趣不都合之次第御坐候」と記されている。これは、該官司の意思決定に不都合があったことを示す一般的表現とも解されるが、官司の意思は最終的には責任者である長官によって決せられるのであるから、長官個人の意思と官司の意思は実質的には同一である。従って、この場合、長官個人が自ら意思決定に不都合があったことを認めたものと解して差し支えない。このように見てくると、判官・次官・長官は無過失であるにもかかわらず他人の行為について結果責任を負うと解するよりも、むしろ自己の職務遂行上の過失（場合によっては監督責任と見てよいこともあろう）について責任を負うと解するほうが妥当であろう。

このような理解は、『公文録・司法省之部全・壬申正月第十四』所載の「鷹見忠告外二人元古河県在勤中流以下届方失錯ノ件」における長官の取り扱いをみると、一層強固なものとなる。本件は刑事裁判における誤判の事例であるが、長官である知事は「元管内武州村々巡回中不在ニ付」無関係であるとして責任の対象から除外されている。ここにおいては、自己の行為が公罪の発生と関係を有する場合にのみ責任を問われると解するのが妥当である。

以上に見たところから、同僚犯公罪条に示された連坐責任は、必ずしも団体的責任および客観的責任からのみ構成されるのではなく、近代ヨーロッパ型刑法の原則の一つである個人的責任および主観的責任をも内包するものと考えたほうがよさそうである。

二　罪刑擅断主義の実際

雑犯律・不応為条は構成要件の特定を欠く条文であり、名例律下・断罪無正条条は類推適用を容認する条文である。このことから、刑法学上、これらの条文は罪刑法定主義に背反する規定であるとの理解が一般に得られている。勿論、律令型刑法は人権思想に裏付けられた法典ではないので、罪刑法定主義と無縁であることは言うまでもない。問題は、罪刑擅断主義を採るが故に刑罰権の恣意的行使が行われ、これらの条文が人々の利益に反する目的に使用されたとまで論じ切ることができるかどうかである。この点に疑義を挟むことのできる事例を紹介しよう。

法務図書館所蔵『成案類纂b第五巻』所収の「明治七年一月埼玉県」なる処断例では、贋札の授受に携わったが謝金を受け取らなかった者に対し、改定律例第二百四十九条の「宝貨ヲ偽造シ………雑役ニ供スル者ハ懲役十年」との規定を適用せずに、不応為条を適用して懲役七十日との処断が下されている。その理由として、「雇人雑役ニ供スル者ニ擬スレハ法ノ稍過酷ナルヲ覚フ」との記述が見られる。

本件においては、不応為条は、形式的に法適用を行えば過重な刑罰を科すことになり、衡平を失するとの判断が働いた場合に、事実上酌量減刑を行うために利用されるという側面を有していた。さらに言えば、不応為条と類似する内容を持つ違令条等もまた、このような側面を有していた。従って、これらの条文は、近代ヨーロッパ型刑法の原理と背反して、専ら恣意的刑罰権行使のために利用されていたとは限らないのである。なお、援引比附についてはいまだ十分な解明に至っていない。

三　絶対的法定刑の実際

新律綱領の法定刑は厳格に固定化されており、外見上、裁判官の裁量の入り込む余地はない。これは、律令型刑法の特色であり、官僚たる裁判官には任意の法運用を許さず、「人主」

のみが「非常ノ断」をなしうる専権を有し、もって法的安定性を図ろうとする思想の表われである。とはいえ、犯罪というものは多種多様であり、情状も千差万別である。このような犯罪に対し、新律綱領の法規定を機械的に適用するならば、場合によっては衡平を失することともなりかねない。実際、司法省もこのことを重視し、明治七年十一月、「罪ヲ断スルハ律例ニ依ルト雖モ犯罪百出ニシテ其情状或ハ酌量軽減セサレハ実ニ情法允当ナラサル儀モ有之」として、裁判官による酌量減刑を認めるよう提言した。この提言は結実し、明治七年十二月十八日、断罪無正条条例が定められ、裁判官は五等までの範囲内において酌量減刑が許されることとなった。

では、それ以前において裁判官の裁量の余地は一切なかったのかというと、必ずしもそうとは言い切れない。『司法省日誌八・明治七年六月』に掲載されている「足柄裁判所伺・指令・七年二月二十三日」には、被告人が夫の密通相手を打擲し、その結果この者が死亡するに至ったという事件の処断が記されている。被告人の行為は、形式的には、改定律例・闘殴及故殺条例第百七十五条に該当し、懲役終身の刑が科せられることになる。しかし、被告人は夫の密通相手に対し夫と別れるよう求めたにもかかわらず、相手方がこれを承知しなかったために打擲に及んだことを考慮し、「其情憫諒スヘキ」であるとの判断を示し、懲役終身の刑から一等を減じて懲役十年の処断を下した。

このような事例を見ると、新律綱領下において、常に固定的な法定刑が科せられていたと解することには無理があり、むしろ場合によっては情状を斟酌した酌量減刑が行われていたと考えたほうが妥当であろう。

結びに代えて

律令型刑法と近代ヨーロッパ型刑法は、確かに異質の刑法であることは論を俟たない。しかし近代日本において、律令型刑法の系譜に位置する新律綱領は、とりわけ実定刑法学者が近代ヨーロッパ型刑法の対立原理をそこに認めた形のままで実施されていたわけではなかった。むしろ近代ヨーロッパ型刑法の特徴と近い形で運用されていた部分もあった。従って、明治十五年刑法の導入時に大きな抵抗のなかったことの一因を、運用実務における連続性に求めることも可能ではないかと思われる。

近代ヨーロッパ型刑法のアンチテーゼとして新律綱領を位置づける中で生まれてきた、新律綱領の虚像とも言うべき姿を、実際の機能に目を向けることによって実像に描きなおす作業をしていかねばならない。それは同時に、日本の法文化の普遍性と特殊性について、変化する法典レベルでなく、ある種一貫性を持つ運用レベルで考えていこうとする作業でもある。

〔原載―國學院大學日本文化研究所報一八九号、平成八年三月〕

明治期弁護士考

——馬袋鶴之助文書の研究——

村上一博

馬袋鶴之助《ばたいつるのすけ》は、元治元（一八六四）年九月二三日、兵庫県朝来郡與布土村に、常右衛門・みとの三男として生まれた。その後、東京法学校（現法政大学）に学び、明治二〇年九月に卒業。成績優等者の一人として、同年一〇月二四日から六日間にわたって、私立法律学校特別監督条規に基づいて実施された帝国大学特別監督試験を受験した（この口述試問に及第すれば、帝国大学卒業生に準じた資格が与えられて、直に判事補に登用された）。結果は惜しくも選に漏れたが、翌二一年四月の春期代言試験に首尾よく及第し、七月一日付で代言人免許を取得（志願者一一三二名、及第者は四一名）、横浜代言人組合に加入した。二五年に同組合会長、二六年には同弁護士会副会長を務めたが、同年七〜八月頃、郷里に戻り（その理由は不明である）、以後、昭和五年一二月八日に死去するまで、兵庫県城崎郡豊岡町において弁護士活動を行った。

右のような略歴から知られるように、馬袋は、明治二〇年代から昭和初期まで四〇余年におよぶ代言人・弁護士活動の大半を、豊岡という兵庫県北部の一地方で過ごした。その間、特に著名な重大事件を担当したわけでもないから、全国的にはほとんど無名の、ごく平凡な在野法曹の一人であると言える。ところが、一九九二年末、馬袋家の蔵から、①訴訟代理契約書・依頼人との間の書簡・各種領収書、訴状や答書・裁判所からの通知書（主に明治期のもの）、あるいは②業務日誌・収支決算簿（大正・昭和期のもの）といった、彼の弁護士活動に関連した文書群が発見された（以下、馬袋文書と呼ぶ）。従来の代言人・弁護士史研究のほとんどは、自由民権運動や人権蹂躙事件に関わった人物を中心に、ほんの一握りの著名弁護士を対象に行われてきた。他の大多数にのぼる普通一般の弁護士たちの活動については、その研究の必要性は認識されながらも、まったく手付かずの状況であった。この意味で、馬袋文書は、地方における日常的な弁護士活動の実態を知りうる、まさに待望久しかった史料なのである。この馬袋文書については、平成九年から、法政大学現代法研究所の研究プロジェクトとして、川口由彦（法政大）・濱野亮（立教大）・岩谷十郎（慶應義塾大）の三氏と私が整理作業を進めてきた。

私が、整理分析作業を担当したのは、主に、馬袋が豊岡に転じた明治二六年後半からの弁護士業務関係の文書類（前掲①）であるから、この中から、具体的な訴訟事件を一例選んで、訴訟代理委任契約証の作成にはじまる弁護士活動の跡を追ってみたい。

「貸金取戻ノ件」（整理番号：m26-01-08）の一件資料中に、依頼人に交付されたであろう、ⓐ訴訟代理委任契約、ⓑ訴訟関係書類の預り証、およびⓒ領収証の控えと思われる一葉の紙片が残されている。

ⓑ

証

一　被告遠藤勘吉ニ係ル金六拾円ノ借用証書　壱通

一　右同人ニ係ル同金額ノ追証　壱通

右正ニ預リ候也

明治廿六年九月廿五日　馬袋鶴之助㊞

ⓐ

契約

遠藤勘吉岩本安左衛門両名ニ係ル事件代理御委托ニ付手数料金三円謝金金三円ト定メ若シ判決言渡前ニ示談和解相成候節ハ謝金ハ不受取事ニ契約致シ□□印紙料送達賃判決正本受□紙料等ハ貴殿ニ於テ負担之事

九月廿六日

記

一　金　三円　手数料

一　〃　弐円　印紙料并ニ送達費トシテ

右正ニ領収候也

九月廿六日　　　豊岡本町十六番地　弁護士　馬袋鶴之助㊞

ⓒ

記

一　金　三円五十銭

謝金并ニ印紙料　五十銭

右正ニ領収ス

一月十日　　　豊岡本町十六番地　弁護士　馬袋鶴之助㊞

美含郡香住村在住の蔵野某は、明治二六年九月二五日、当時豊岡町本町一六番地に寄留していた馬袋を訪れて、遠藤勘吉・岩本安左衛門に対する「貸金取戻」訴訟の弁護を依頼し、借用証書ほか関係書類を馬袋に預け、翌二六日には手数料（着手金三円）・謝金（成功報酬三円）・諸経費の負担などについて約定を取決めたのである。

この訴訟代理の委任契約を締結してのち、馬袋は、直ちに訴状の作成にとりかかった。豊岡区裁判所監督判事濱口惟長に宛てた、次のような訴状(写)も残っている。

貸金請求之訴

訴ノ目的

一　金　参拾参円　明治廿四年四月中貸付元金六十円ノ内明治廿五年五月迄ノ元金二十七円并ニ同年月迄ノ利子ヲ□□外右金額ニ付スル明治廿五年五月ヨリ裁判執行済ニ至ル迄利子壱円ニ付壱ヶ月壱銭四厘ツ、

一定ノ申立

被告ハ原告ニ対シ金三拾三円ニ明治廿五年五月ヨリ判決執行済ニ至ル迄壱円ニ付壱ヶ月金壱銭四厘ノ割合ヲ以テ利子ヲ付シ弁済スヘキ様判決相成度候也

訴ノ原因

原告ハ明治廿四年四月中被告両名ニ対シ金六拾円ヲ壱円ニ付壱ヶ月金壱銭四厘ノ割合ヲ以テ貸付ケタルモ被告ハ明治廿五年五月迄元金二十七円并ニ同年月迄ノ利子ヲ支払ヒタルノミニテ残額三十三円并ニ明治廿五年五月以後ノ利子ヲ支払ハサルニ付出訴仕候次第

ニ有之候

証拠方法

一　借用金証　壱通

一　延期証　同

右の訴状（写）は日付けを欠いているが、明治二六年九月二六日付けで、馬袋が蔵野から手数料（三円）と印紙料・送達費（二円）を受け取っていること、また訴状送達手数料（五銭）の納金領収書（豊岡区裁判所執達吏篠坂久兵衛発行、馬袋宛て）が残っていることから、二六日の出訴であったことがわかる。

豊岡区裁判所における公判は、同年一〇月一八日に開庁され、被告側欠席のため、原告側（代理人馬袋）の請求がそのまま認められ、「被告両名ハ原告請求スル金参拾三円ニ明治二拾五年九月ヨリ月壱歩四厘ノ利子ヲ付シ速ニ弁済スへ」き旨の欠席判決が下された。この欠席判決は一〇月二一日に被告方に送達されたが、一一月四日付けで、被告側から「故障ノ申立」がなされた。故障の内容は、そもそも「此事実ハ元来正金ヲ取引シタルニ非ス。原告ハ生蠟ヲ売買シ、被告ハ蠟燭製造ヲナスヲ以テ、原告へ予備ノ証書……ヲ差入レ、被告へ通帖ヲ受取テ取引ヲナシ、立会清算ノ後……皆済致シタ」との抗弁であり、既に返償済みとの趣旨にほかならない。欠席判決に対する異議申立てを受けて、一一月一四日午前九時から、あらためて豊岡区裁判所で口頭弁論が開かれることとなった。

馬袋文書からは、その後の訴訟経過を知ることはできない。豊岡区裁判所の民事判決原本からも当該事件の判決を見出すことはできなかった。もっとも、前掲ⓒに、一月一〇日（明治二七年か）付けで、蔵野から、謝金・印紙料併せて三円五〇銭を、馬袋が領収した旨の証が残っているから、右の異議申立てにもかかわらず、馬袋側の勝訴で結局したようである。

以上、馬袋文書の一例を紹介したにすぎないが、この種の訴訟関係文書として約七〇〇〇件が残されており、事件種類・依頼人分布や業務収支・訴訟経過など、馬袋の弁護士活動の諸側面を知ることができる。馬袋文書全体の分析結果は、刊行予定の報告書に譲りたい。

〔原載―國學院大學日本文化研究所報二〇七号、平成十一年三月〕

〔**補記**〕この報告書は、川口由彦編著『明治大正 町の法曹――但馬豊岡 弁護士馬袋鶴之助の日々――』と題して平成一三年に、法政大学出版局から刊行された。

敦煌写本書儀にみる唐代法制史料

丸山裕美子

序言——報告の視点

古代日本の法制である律令法は、七世紀末から八世紀にかけて編纂されたが、唐律令を母法とする継受法という側面と、固有法の側面とを併せ持っている。ただし固有法といっても、それ以前の中国や朝鮮半島からの法制を含む文化の流入によって形成されたものであって、全く日本の古代社会独自のものとは言い切れない。また継受法という場合も、単に唐の律・令の条文のみを受容したのではなく、格・式を含んだ唐の法制全体から影響を受けていることも考慮すべきである。中国の法制全体を視野に入れ、特質を捉え、さらにその法制を生み出した中国の社会についての理解を深め、その上で日・唐の法制を比較検討して、日本古代律令国家の特質を考察すべきであると考える。本報告ではその前提作業の一つとして、唐代の社会、習俗と密接に繋がった実用書である「書儀」のなかに引用された礼・律・令・格・式から、唐代法制の特質の一端を考察する。

一　書儀について

中国では伝統的に礼・楽が重んじられ、礼は社会秩序の根幹であって、階級によって厳密に区別された礼の基本が存在した。書儀とは書簡のための手本・雛形であるが、礼に基づく細分化された書式・表現を規定し、言葉遣い・立ち居振る舞いにも及ぶ。喪礼や婚礼についての規定や、年中行事に関わる記述も多い。書目としては儀注に属し、すでに五世紀には確実に存在したが、唐の開元・天宝年間以降、旧来の身分秩序が崩れ、社会生活における礼の拠り所として盛んに用いられた。中国における書儀研究に先鞭をつけられた周一良氏は、「中国長期伝統社会中、礼与法相輔相成、維護以三綱六紀為核心的倫理道徳。書儀実際是『儀礼』的通俗形式延続、所以唐以後書儀成為居家日用百科全書」と言っている。唐の社会・制度を知るための格好の素材であると考えられよう。

伝世して現存するまとまった書儀としては、正倉院宝物の「杜家立成雑書要略」や北宋の

「司馬氏書儀」くらいしかなかったが、今世紀に入って、敦煌から一〇〇点近い書儀の写本が発見され、趙和平氏らを中心に書儀研究は著しい進展をみせている。

書儀は、往復書簡文例集ともいうべき「朋友書儀」と、総合書儀である「吉凶書儀」の二種に大きくは分類される。前者は十二月に並べて、月ごとの挨拶状の模範例文を載せるもので、「月儀」とも称され、後の往来物に繋がる。後者はいわゆる書札礼を記す書儀で、吉凶・尊卑による公私文書の書式を規定する。敦煌写本書儀はほとんどがこの吉凶書儀である。そして敦煌写本の吉凶書儀は大雑把にいって、京兆の杜有晋の撰である「杜氏書儀」、銀青光禄大夫吏部尚書兼太常卿の鄭余慶が撰した「鄭氏書儀」、河西節度使掌書記儒林郎試太常協律郎の張敖の撰であるところの「張氏書儀」の三系統が認められる。開元年間の成立とされる杜氏書儀には「吉凶書儀」「書儀鏡」「新定書儀鏡」などがあり、元和年間に編纂された鄭氏書儀は「大唐新定吉凶書儀」という半ば公定の書儀であり、張氏書儀は鄭氏書儀から備忘用に必要なところのみを採用して作られたもので、九・十世紀の敦煌社会ではこの張氏書儀が最も普及していたらしい。

これらの吉凶書儀のなかには、当然のことながら礼の規定が随所に散見する。とりわけ喪礼と婚礼については様々な礼が載せられているが、煩雑になるので、以下では、律・令・格・

式の規定に限ってとりあげるが、その背後に礼が存在することはいうまでもない。

二　書儀のなかの法制史料

まず律についてみてみよう。P.2622張敖「新集吉凶書儀」（P.はペリオ将来敦煌文献の略号）凶儀巻下に「居父母之喪而嫁娶者、準律文徒三年、各令離之、若居周之喪而嫁娶者、杖一百」と戸婚律三十条が引用されている。前後に礼の規定を記載する。

またP.3637杜有晋「新定書儀鏡」凶下の冒頭部分に「律五服」として喪を秘匿した場合の刑が細字で書き込まれている。服すべき喪を匿して挙哀しなかった場合の罰則は、職制律三十条に規定するところである。書儀の書き入れでは、偲麻の場合の笞五十、小功の杖七十、大功の杖九十、周親の徒一年については、唐律疏議と一致するが、三年の喪の場合を徒二年とし、唐律疏議の流二千里と異なっており、職制律三十条は改訂された可能性がある。同時に「喪葬令」として服紀に関する規定が記されているが、周知のように日本の喪葬令末条の服紀条は「唐礼」の五服制度をとったもので、「唐令無文」と九世紀の日本の著名な学者橘広相が明言している。しかしながら、書儀の書き込みとはいえ、はっきりと「喪葬令」とあることは無視できないであろう。五服制度が礼に規定されていたことは明らかであるが、同時に令にも規定があったとみてもおかしくないと思う。橋広相の見た唐令には規定がなかったのであろうが、服紀規定を載せる唐令が存在した可能性もあると考える。

次に令について別の書儀をみてみよう。S.6537V.鄭余慶「大唐新定吉凶書儀」（S.はスタイン将来敦煌文献の略号）には「祠部新式」の部分に、節日の由来や行事などを記しつつ、仮寧令文や格・勅による変更を含めた休暇の規定を記述している。ここに見える仮寧令は、復旧される開元七年令とも開元廿五年令とも異なっている。鄭氏書儀の成立した元和年間の令を記していると考えられ、しかも格・勅による変更もある。「令文の改訂」と「格勅による改正」の基準は不明であるが、唐令が開元廿五年令の後も部分的に改訂されていたことがわかり、唐令の柔軟性をよく示しているといえよう（この点については、一九九一年の史学会第八九回大会シンポジウムで「令の継受をめぐって――仮寧令第一条の周辺――」と題して報告した）。

S.1725V.「唐前期書儀」にも仮寧令が「礼及令」として礼と合わせて引用されている。「朞」の使用から玄宗以前のものとされるが（玄宗の諱李隆基の「基」を避けて後には「周」を使用）、「準令」として喪に遭った場合の休暇の規定を載せ、これは復旧される開元七年令・開元廿五年令とほぼ同文である。

式については、先にもみた鄭氏書儀に二種の式が見える。一つは「公移平闕式」である。平闕については、公式令に規定されていたのか、礼部式なのか今一つ判然としない。日本令では公式令に載せられ、『令集解』公式令の諸説は「唐令」を引くから、令の可能性も高いが、書儀では「准式」として記すので、ここでは礼部式と見ておく（尤も筆者は令と式と重複して規定が存在することもあり得ると考えるものであるが）。『六典』巻四礼部郎中員外郎条註の「平闕之式」とP.2504「唐（天宝）職官表」の「新平闕令」「旧平闕式（開元廿五年令か）」「平闕式」「不闕式」と比較すると、時代を経るに従って、平闕の対象となる用語が、どんどん変更され、増加していくことがわかる。

もう一つの式は「祠部新式」に見える国忌の規定で、これは祠部式とみて間違いないと思うが、『六典』巻四祠部郎中員外郎条註とP.2504「唐（天宝）職官表」の国忌と比較すると、礼に倣って随時追加、削除が行われていることがわかる。

式としては他にP.2622張敖「新集吉凶書儀」に、「私忌」の場合の休暇申請を「準式処分」とあって、この式は吏部式とみてよいであろう。

結語――書儀と礼法

礼を具体的かつ実践的に記したものが書儀である。円仁の『入唐求法巡礼行記』開成五年（八四〇）十一月廿六日条に「冬至節、僧中拝賀云、伏惟和尚久住世間、広和衆生、臘下及沙彌対上座説、一依書儀之制」とある。口頭で交わされる挨拶でさえ、書儀に依っているように、社会と生活に密着した存在であった。

そして以上で見てきたように、その書儀のなかには、礼と律、律と令、礼と令、令と格・勅、令と式が混然として存在する。そしてそこに記された律・令は、これまでに復旧されて知られてきた律・令と異なっているものも多い。このことは、中国においては、「礼」の大枠は維持しつつ、社会の変化に対応して、柔軟に「法」の変更が行われていたことを示している。唐職制律五十九条は「諸律・令・式不便於事者、皆須中尚書省議定奏聞〈議曰、称律・令及式条内、有事不便於時者、皆須弁明不便之状、具申尚書省、集京官七品以上、於都座議定、以応改張之議奏聞〉」と規定する。唐の律・令・式は正当な手続きを踏みさえすれば、変更可能な法制であった。長い伝統の中で形成された礼の規範のもと、柔軟性をもった法によって運営されていく社会が唐代の社会であり、その法制は「律令制」というよりも「礼法制」という表現がふさわしいといえよう。

〔原載――國學院大學日本文化研究所報一九六号、平成九年五月〕

宋代における絶対的法定刑の修正について

川村　康

はじめに

刑罰法規に刑罰を規定する形式には、相対的法定刑と絶対的法定刑のふたつがある。前者は、ある犯罪行為に適用される刑罰を、一定の幅をもたせて規定する。この刑の幅の中から、裁判官は適当と思われる刑を選択して宣告する。この形式を採ると個々の犯罪者の情状に即した量刑を行い得るが、裁判官の恣意的な判断の危険性も生ずる。後者は、ある犯罪については単一の刑罰しか規定しない。旧中国の刑罰法規がすべてこの形式を採用したのは、法は皇帝の意思であり、臣下には解釈や変更は許されないと考えたからであろう。この形式を採ると裁判官の恣意は排除されるが、犯罪者に情状に即した刑罰を与え得ない危険性が生ずる。殺人について言うと、唐律では殺人の故意の内容およびその有無により、罪名に謀殺（計画殺人）・故殺（非計画殺人）・闘殺（障害致死）、刑名にも斬・絞の別があるが、刑種が死刑である点は同じである（過失殺を除く）。そこには犯罪者の情状はほとんど考慮されていないから、情状酌量の余地が存しても、機械的に死刑を適用しなければならないことになる。この報告では、宋代においてなされた、この不合理の解決のための試みを明かにする。

一　死刑奏裁制度——絶対的法定刑の修正手段（一）——

唐代では死刑覆奏制度と言って、死刑の執行には皇帝の判断を繰返し仰がなければならなかった。その際、犯罪者に酌量すべき情状があれば、皇帝の意思により貸死減等がなされたであろう。この制度は唐後半以後崩壊し、宋代では死刑執行の権限は原則として地方官にあり、刑部・大理寺という中央刑事機関は執行後に事後審理を行ったにすぎない。

だが、皇帝の判断が死刑案件の取扱に不必要であったわけではない。一定の案件については、大理寺・刑部を経て皇帝の判断を得る奏裁が行われた。その第一は法定奏裁案件、すなわち刑罰規定中に法定刑とともに奏裁が定められているものである。第二は酌情奏裁案件、すなわち被疑者の情状や犯罪の態様に従い奏裁が行われるものである。これは①刑名疑慮、

②情理可憫、③情法不称に分類される。①は被疑者が真犯人かどうかが、あるいは適用条文が不明確であるなど、地方官に刑名が確定できない場合である。具体的には死体が検視を経ていない、目撃者・協力者の証言がないなどの証拠不充分や、担当官の判断の不一致がこれにあたる。②は犯情は明白であるが、被疑者に死刑執行不相当の情状がある場合である。具体例には教官が体罰により学生を死亡させた案件、父親の命令に従って強盗をはたらいた案件などがある。③は、死刑に限らず、被疑者の情状を勘案すると法定刑より軽い、あるいはより重い刑が執行されるべきと考えられる場合である。

酌情奏裁の条件は案件ごとに個別具体的に判断されるべきものであり、主観的かつ曖昧である。このため、地方官が酌情奏裁にあたると判断しても、中央官に是認される保証はない。奏裁した案件が奏裁すべからざるものとされれば地方官は処分を受けるから、責任を逃れるために必要以上に奏裁を避け、安易に死刑を執行する。その結果、死刑執行数は莫大に増加し、仁宗朝には奏裁条件に該当しない案件の奏裁を容認せざるを得なくなった。すると、奏裁にあたらないという判断も肯定される保証はないから、不当な死刑執行の責任を逃れるために、地方官は死刑案件を安易に奏裁する。中央官が奏裁案件の処理に忙殺されるようになったために、哲宗朝にはふたたび奏裁案件の規制を目的とする勅令が下された。だが、その結果はやはり死刑執行数の激増であった。この窮状の本質的な原因はまさに奏裁条件の主観性にある。これを解決するためには奏裁条件を客観化しなければならない。そこで奏裁の根拠として活用されたのが刑事案件処理の先例集たる断例であり、奏裁条件は断例として客観化された。それとともに、あらかじめ特定の行為を酌情奏裁の対象とする規定も定められ、法定奏裁規定も増加していった。奏裁条件はかくして固定化され、相当に絶対化された。

ここには、客観化された絶対的法定刑の有する非合理性を主観的判断によって修正するための死刑奏裁制度が、主観的判断ゆえの非合理性を解消するために判断基準の客観化が必要となり、結局は客観的規定へと絶対化される現象が見られるのである。

二　赦降――絶対的法定刑の修正手段（二）――

宋代は赦降がしばしば発せられた時代であり、全国的なものだけでもほぼ一年半に一度は発せられていたが、凶悪犯罪はおおむねその適用から除外されていた。

たとえば闘殺は、その中でどのように扱われていたか。北宋初期には闘殺を減降の対象とする赦降と、適用除外とするものとが併存して、闘殺への減降適用は赦降の性質により個別具体的に決められていたが、やがて適用除外が定例となった。北宋中期に下された敕は、情理可憫を条件とする闘殺犯の奏裁を規定し、結果的に減降への道を開いた。殺人という結果の重大性から見れば減降は望ましくないが、さりとて殺意のない闘殺犯のすべてから敕降の恩沢に浴する機会を奪うことも仁慈に反するという価値判断による。さらにこの情理可憫という主観的条件は、哲宗朝において情理軽というある程度客観的なものへと変化する。これは、闘殺のうちのいかなる類型に敕降による奏裁を認めるかが、断例の蓄積により明確になったことの反映である。さらにこの条件は情理稍軽・情理軽の二段階へと細分化され、奏裁も不必要になる。闘殺の情理の内容は、すでに中央官庁では成文化されていたが、減降が地方官の判断のみによって行われることになったため、北宋末期に「闘殺情理軽重格」が制定された。これは唐律の闘殺規定に比して、とりわけ加害の手段・場所・態様による軽重の区分において、きわめて詳細である。

ここにも、絶対的法定刑の一修正手段である敕降の適用により闘殺の減降が行われるための条件が、主観的条件から客観的規定へと変化する過程が読み取れる。

三　復仇事案——絶対的法定刑の修正の一形態——

唐律は復仇事案に対する特別の規定を置いていないから、復仇者は謀殺犯であり、未遂でも絞、既遂では斬を適用される。法的にはそうであるが、旧中国の儒教的社会規範から見れば、祖父母父母への復仇行為は賞賛されこそすれ非難などされるべくもない孝行の一形態である。そこで宋初に祖父母父母のための復仇案件の奏裁が定められ、復仇は法定奏裁事由となった。これは、絶対的法定刑によれば死刑とされるべきものを、皇帝の自由な意思により変更するための試みの典型例である。

記録に遺された復仇案件を見ていくと、北宋中期までの事例では、復仇者にほとんど無条件に全免が与えられている。とりわけ仁宗朝の一事例では、復仇者にとって被復仇者が従祖父であることも度外視されている。まさに皇帝の自由意思による判断の結果である。ところが神宗朝以降の事例では、復仇者は貸死減軽は与えられるが、原則として全免は行われていない。神宗朝の一事例では、復仇者にとって被復仇者が堂兄であるために官僚から死刑が主張されるなど、仁宗朝とはきわめて対照的である。つまり、復仇行為は原則全免から原則処罰となり、皇帝もある程度法に拘束されるようになった。これは法規範と社会規範の調和を図るための妥協的方策として生じたものであり、これがふたたび画一的な規範的措置として固定されていったのである。

結語

宋代における絶対的法定刑の個別具体的修正という試みは、結局はより詳細な絶対的規定への還元という苦い結末に終わったが、この経験は無意味ではなかったであろう。還元後の規定はそれなりに合理的なものとなったであろうし、たとえば奏裁制度が明清の秋審制度に生かされているといったように、この経験は明清の法制度に何らかの形で吸収されたと考えられるが、その解明は今後の課題である。

詳しくは、拙稿「宋代死刑奏裁考」(『東洋文化研究所紀要』一二四冊、平成六年三月)、「宋代断例考」(同誌一二六冊、平成七年一月)、「「鬬殺遇恩情理軽重格」考」(『東洋史研究』五三巻四号、同年三月)、「宋代復仇考」(『宋代史研究会研究報告第五集　宋代の規範と習俗』汲古書院、同年一〇月)を参照されたい。

〔原載――國學院大學日本文化研究所報一八三号、平成七年三月〕

明代の律令考

――洪武年律令編纂の二・三の史料の再検討から――

佐藤邦憲

一　洪武年の律令の編纂

太祖は、呉元年（一三六七）に律令の編纂を命じ、建国の洪武元年（一三六八）正月に律令を頒行した。この初頒の律は、その編目を〈吏・戸・礼・兵・刑・工〉律とし、凡二百八十五条。令は、その編目を〈吏・戸・礼・兵・刑・工〉令とし、凡百四十五条。いずれも「周礼」の六官に由来する〝六分法〟が採られた。今日、この律は亡失しているが、令は「明令」として伝存している。洪武六年（一三七三）閏十一月、太祖は、この初頒の律令の手直しを命じた。そして、律を翌年の洪武七年二月に撰定・頒行した。この洪武七年の律は、その編目を名例・衛禁・職制・戸婚・廏庫・擅興・賊盗・闘訟・詐偽・雑犯・捕亡・断獄の十二編とし、初頒の律の〝六分法〟を捨てて「唐律」の編目に倣った。凡六百六条・三十巻。この律も亡失しており、今日、宋濂の手になり、刑部尚書劉惟謙の名でもって出された「進大明律表」や〝五刑〟などのわずかなところしか明らかでない。令の改定はついに行われなかった。

洪武二十二年（一三八九）八月、太祖は、刑部の奏請に対して、先の律（？）の更定を翰林院・刑部官に命じ、そして凡四百六十条・三十巻の律を撰定・頒行した。この洪武二十二年の律の編目・巻数・条文数は、『太祖実録』（巻百九十七・洪武二十二年八月戊午）をみると、

名例一巻四十七条、
吏律二巻（職制十五条・公式十八条）、
戸律七巻（戸役十五条・田宅十一条・婚姻十八条・倉庫二十四条・課程十九条・銭債三条・市廛五条）、
礼律二巻（祭祀六条・儀制二十条）、
兵律五巻（宮衛十九条・軍政二十条・関津七条・廏牧十一条・郵駅十八条）、
刑律十一巻（盗賊二十八条・人命二十条・闘殴二十二条・罵詈八条・訴訟十二条・受贓十一条・詐偽十二条・犯姦十条・雑犯十一条・捕亡八条・断獄二十九条）、

工律二巻（営造九条・河防四条）となっている。その編目は、洪武七年の律で採られた「唐律」に倣った十二編目を捨てて、名例の一編の他、初頒の律の〝六分法〟と同様の〈吏・戸・礼・兵・刑・工〉律の六編、併せて七編とし、さらにこれを分割・分類している編目（名例律の他、二十九編）とした。元朝の法典であった『元典章』編目（門）や『大元通制』の「断例」の編目に通じるものとなった。また、この時に、その巻首に「五刑之図」「獄具之図」「喪服之図」等を附載した。この洪武二十二年の律は、その頒行直後のものは今日伝存していないが、洪武三十年に「大明律誥」の名でもって頒行した律――「明律」でもってその全容が知れる（後述）。

洪武三十年五月に至り、太祖は、すでに撰定・頒行していた「大誥」、つまり『御製大誥（凡七十四条）』『大誥続編（凡八十七条）』『大誥三編（凡四十三条）』『大誥武臣（凡三十二条）』の内からその要略を撮って撰上したもの（「欽定律誥」・凡百四十七条）を律に附載し（巻首）、一書に編成し、「大明律誥」の名でもって中外に頒行した。今日、「明律」として伝存しているものは、この時の頒行の律で、後世に所謂の〝洪武三十年の律〟――「更定大明律」である。こののち明朝が滅ぶまで、この律は一言一句の修改もなく引き継がれていった。

二　洪武年の律編纂の史料の再検討から

『太祖実録』（巻百十・洪武九年十月辛酉）に次の史料がみられる。

上覧大明律、謂中書左丞相胡惟庸・御史大夫汪廣洋等曰、古者風俗厚而禁網疎、後世人心漓而刑法密、是以聖主、貴寛而不貴急、務簡而不務繁、国家立法、貴得中道、然後可以服人心而伝後世、昔蕭何作漢律九章、甚為簡便（中略）、今観律条猶有議擬未当者、卿等可詳議更定、務合中正、仍其存革者以聞、於是惟庸・廣洋等復詳加考正、釐正者凡十三条、餘如故、凡四百四十六条

洪武七年の律の編纂の後、洪武九年（一三七六）十月に律の改定が行われている。そして、先の洪武七年の律の条文（凡六百六条）が釐正・改定の結果、凡四百四十六条になった（または凡四百五十九条か）。また、この史料からは律の編目のことは不明であるが、その条文数が、洪武二十二年の律・洪武三十年のそれに近づいているところから考えて、編目もこの際に改正された可能性もあろう。このことは、洪武七年の律は、その編目を「唐律」に倣ったことにより、編首に名例律、そして編末に断獄の十二編目となっているのが自然の体裁であろう。

ところが、洪武二十二年の律の改定において「旧律名例律附干断獄下、至是特載之篇首」(『同』巻百九十七・洪武二十二年八月戊午)とあることなどから考えて、洪武九年の律条文の改定・釐正とともに編目も新たに組み替えられていたことも考えられよう。つまり、洪武二十二年の律の改定・編纂において新たな編目の設定(前掲)とともに名例律の編首への手直しは、洪武九年の律の改定か、またはそれ以降の事情を前提にしなければならないだろう。また、このことは名例律のことだけではなく、他の編目(編目名の組み替え・改訂)にも繋がってくるだろう。

さらに次の事柄も考慮されなければならない。それは、洪武二十二年の律の改定・編纂がいつ下命され、始まったかということと、太祖は、この十数年間に君主独裁の確立——官僚の粛正・官制の建て直しなどを図ったことである。洪武七年または九年以降、洪武二十二年の律の改定を下命する記事は『太祖実録』などにみえない。また、太祖は、洪武九年の律の改定に加わり、のち丞相となった胡惟庸および汪廣洋を誅殺し(胡惟庸の獄)、こののち法制の建言やその整備に活躍した刑部尚書の開濟など多くの法務官僚を圧殺した。さらに中書省の廃止と六部の強化、御史台の廃止と錦衣衛・都察院の設置などを図り、その独裁政治を強化した。このようななかで律の編纂、その改定を考えると『太祖実録』の編纂などの資料の改竄も考慮しなければならない。ここでは憶測ではあるが、洪武七年の律で〝律法典〟の大概がほぼ決定され、洪武九年の改定において律条文の統廃合（併せてその編目の改正も）などが行われ、その後、「磨勘司奏増朝参牙牌律」（『同』巻百五十六・洪武十六年）・「議定詐偽律条」（『同』巻百五十三・洪武十六年）などの増続・修改を試み、この結果は、洪武二十二年の律の体裁・完成につながると考えておきたい。もっと縮めて言い換えれば、洪武九年の律の改定が洪武二十二年の律の編纂の始まりであり、その後の政治的混乱や官制の手直しなどによって洪武二十二年まで引き伸ばされたと考えられることである（後考を俟ちたい）。

三　洪武二十二年の律と洪武三十年の「大明律誥」の頒行

洪武二十二年の律は、その後も部分的に修改され、そして洪武三十年の律の改定・編纂の時に完成したとされているが、『太祖実録』にはそのことはみられない。みられるのは、刑部官の律を更定せんとする奏請に対して、太祖は「律者常経也、条例一時之権宜也。朕御天下、将三十年、命有司定律久矣、何用更定」（『同』・巻二百三十六・洪武二十八年二月戊子）とあること、また、「大明律誥成、（中略）刊著為令、行之已久。（中略）故命刑官、取大誥条目、撮其要略、附載于律。凡榜文禁約悉除之、除謀逆并律誥該載外、其雑犯大小罪、悉依贖罪之例論断。編次成書、刑布中外」（『同』巻二百五十三・洪武三十年五月甲寅）とあることなどから考えると、洪武二十二年の律が、そののち修改され、また、新たに改定・編纂されたことは考えにくい。今日、伝存の「更定大明律」の巻首にある「御製大明律序」の条文にもそのことは触れられていない。このようなところから憶測していくと、洪武三十年五月に至り、先にも述べておいたように洪武二十二年の律に、すでに頒行しておいた「大誥」の四編からその要略を採って撰上したもの――「欽定律誥」（凡百四十七条）を律に附載し、一書（「大明律誥」）として頒行したと考えられよう。のちその「欽定律誥」が、太祖の意図した建国時の使命が終えたか、またそれに替わる単行法――条例等（省略）に取って代わられるなかで忘却され、律――律条文のみが生き続けたことにより、洪武二十二年の律があたかも洪武三十年に改定・編纂されたと思われ、このことが後世に洪武三十年の律――つまり「更定大明律」とされていったのではなかろうか。ここで付記しておくが、洪武三十年の律の改定のことは『明史』の「刑法志」にみられるが、『太祖実録』などとつきあわせると、それは、「刑法志」の錯誤や洪武二十六年制定の「充軍条例」「真犯・雑犯死罪条例」や三十年制定の「贖罪事例」の史実・内容との錯乱であることがわかる。このように考えてみると、洪武二十二年に律が改定・編纂——しかも完成され、この時の律が、後世に所謂「更定大明律」であり、今日、洪武三十年五月に頒行した「大明律誥」の律——律条文をとおして伝わっていることになろう。ちなみに『太祖実録』（前掲）には「是月、更定大明律」とある。

結びにかえて

以上、洪武年の律（令）の編纂——その改定にみられる問題の一端をみてきた。しかし、この他にも片付けられねばならない初歩的・基本的問題が多く山積している。それは編目の〝六分法〟や「唐律」に倣う十二編目、そして最終的には七編（と二十九編目）になった推移、その理由である。また、初頒の律に総則的規定の名例律がなかったことおよびそののち名例律が編成されても編末におかれていたとされることの理由・問題などである。さらには律の編纂・改定を述べてきたように考えるならば、何廣撰『律解弁疑』（洪武十九年序）や朝鮮の李王朝下において依用された『大明律直解』（洪武二十八年刊）などの再検討も始めなければならないだろう。この他、令やいずれの律の実質的な編纂官も元朝下での思潮・法生活などを踏まえてなされたと考えるならば、その時代の思想——法生活の経験・法観念の影響も考慮されなければならないだろう。そこに山積されている多くの問題の答えやその糸口があると考えられる。特に律条文――その立法の趣旨にはその影響が顕著に現れている（省略）。ちなみに元朝の法制がもっとも高揚したとされている延祐・至治・泰定年からわずか半世紀のことである。これらは、先学の有高巌氏・岩村忍氏・安部健夫氏・仁井田陞氏・宮崎市定氏達の法制全体の多岐にわたる優れた研究・論考を振り返ることによって、また、それを継承――利用・補強することによってすすめていかなければならないだろう。

《参考文献》

瀧川政次郎「明代刑法典概説(1)(2)」（『法学協会雑誌』60－6・7）
黄彰健「大明律誥考」（『国立中央研究院・史語研集刊』24）
拙稿「明律・明令と大誥および問刑条例」（滋賀秀三編『中国法制史――基礎資料の研究』所収）
拙稿「明代の律編纂考――洪武年律編纂の二・三の史料の再検討から――」（『法律論叢』67－2・3）

〔原載――國學院大學日本文化研究所報一七八号、平成六年五月〕

西欧中世の註釈学者と法律学

渕　倫彦

中世の西欧では、ローマ法やカノン法の註釈者が法素材を巧みに解釈して、さまざまな社会変動に耐えうる学説法を造り出した。わたしの報告は、カノン法の一法令に対する註釈と「標準註釈」とを対比することにより、中世西欧の註釈学者の法解釈ならびに法創造活動の一端を明らかにしようとしたものである。

素材として取り上げたのは、第四ラテラノ公会議決議第十一条である。この法令を取り上げた理由は、一つは、最近、第四ラテラノ公会議（一二一五年）決議教令とその註釈の校訂版が刊行されて、第四ラテラノ公会議の制定法に関して異なるレベルの註釈を比較検討することが可能になったからであり、一つは、この法令が西欧中世の大学や法律学の発展を基礎づけた教会の学校制度に関するものだからである。

第四ラテラノ公会議決議第十一条は、司教座教会および経済的に余力のある教会に文法教師一名が、大司教座教会には神学教師一名と文法教師一名が、それぞれ、任命されなければならず、この教師は、参事会員一人分の聖職禄を支給され、その教会の聖職者や貧乏な学生を無償で教えなければならない、と規定する。そして、この条項は、一二三四年に公布された法典「リベル・エクストラ」の第五巻第五章第四法文に収録された。

「リベル・エクストラ」第五巻第五章は「教師について、およびなんらかのものが教授資格免状と引換えに徴収されてはならないこと」と題され、全体が五法文からなっている。第一法文は、司教座教会に聖職禄を支給される教師が一名任命され、この教師は貧しい学生に無償で教えなければならないこと、教授資格免状は無償で与えられなければならないこと、この規定に違反した者は聖職禄を没収されることを定め、第二法文と第三法文では、教授資格免状付与に際して金銭を徴収する悪習の横行が指摘され、この悪習を破門制裁をもって禁止する旨の教皇の強い決意が表明されている。第五法文は、司教座教会および大司教座教会に任命される教師に対して教職在任中聖職禄の重複受給が許されること、学校で学ぶ学生には合計五年間、離任地許可と聖職禄の受給が認められることを規定する。

この五つの法文から、キリスト教会が、教皇アレクサンデル三世の時代以降その組織をあげて積極的に聖職者の育成に取り組み、経済的困窮者の勉学のための財政的支援や、適性と能力とを持った教師の確保に大いに神経を使ったこと、そして、ほぼ教皇ホノーリウス三世の時代に、学校制度が法的に完成したことが知られる。しかも、この学校制度は、たんに聖職者育成のためばかりでなく、一般的に、優秀な人材を大学まで進学させるための装置としても機能した。中世の西欧で初めて大学が組織され、大学を母胎として法律学が発達した背景には、このような教会の学校制度があったのである。

第四ラテラノ公会議決議については、現在、ヨハンネス・テウトニクスとヴィンケンティウス・ヒスパーヌス、そしてダマススの「アパーラトゥス」Apparatus と呼ばれる三篇の包括的な註釈書が知られているが、この三人の作品の第十一条に対する註釈を一読すると、それぞれの著作スタイルや関心の対象が少しずつ違っていることに気づく。しかし、その反面で、この三人の註釈には、ある共通性も認められる。さらに、この三人の註釈と「リベル・エクストラ」第五巻第五章第四法文に対する「標準註釈」Glossa Ordinaria（法典や法令集全体に対する規範的註釈・「リベル・エクストラ」に対する標準註釈はパルマのベルナルドゥスによって作成された）とを対比して見ると、カノン法学者たちがどのような仕方で問題を解決したか、「標準註釈」はどのようにして形成されたかなどの点について、ある程度の見通しを得ることができる。

註釈学者が第四ラテラノ公会議決議第十一条で問題としたのは、「貧しい受講生や教授資格免状の申請者から対価を要求する」ことがいかなる犯罪となるか、この犯罪の構成要件は何か、そして、司教座聖堂参事会の義務と権限の三点である。

第一の論点については、ヴィンケンティウスと「標準註釈」が、共に、この場合の「対価」は「霊的なもの」の対価ではなく「霊的なものに準ずるもの」の対価なのだから、これはシモニア（聖職売買）に準ずる犯罪を構成するという見解を示している。第二の論点については、すべての註釈が一致して、この法令によって禁止されているのは、教授資格免状の申請者から金銭を徴収することと教える者が貧しい学生から授業料を徴収することであって、教師が金持ちの学生から授業料を徴収することまで禁止されてはいないという見解を採用している。これは、知識を売って生計を立てる人々、すなわち大学教授を始めとするいわゆる知識人の登場を肯定的に評価し、支援する解釈である。第三の論点は、教師に対する給料の支払いを司教座聖堂参事会に負担させる措置に伴う問題の処理に関する。中世西欧では、司教座聖堂参事会が司教選挙を左右したり司教と並んで独自の裁判所を運営するなど、しばしば、司教と同じような権力を行使していた。また、学頭の職を支配し、教授資格免状の付与に際して金銭を徴収していたのも、司教座聖堂参事会である。したがって、この法令の命ずる措置は、結果として、司教座聖堂参事会の権限を削減することとなり、当然、参事会の側からの激しい反発が予想された。

ヨハンネス、ヴィンケンティウス、ダマススの三人の註釈学者に共通しているのは、任命される教師が参事会員になるわけではないこと、参事会は参事会員一人分の支出を負担するだけなのだからそれくらいは我慢しても良かろうという姿勢である。

しかし、仔細に見ると、三人の意見は同じではない。たとえば、ヨハンネス・テウトニクスは、教師に与えられる［参事会員］一人分の聖職禄は参事会の構成に影響を及ぼさず、聖職禄にも会員枠にも空きがない場合には、すぐに教師を任命しなくても良いと主張するのに対して、ヴィンケンティウスは、聖堂参事会は教師の任命を拒否することができず、教師用の聖職禄を指定する権限しか持たないと説く。ダマススの見解はヴィンケンティウスのそれとほぼ一致している。

ところが「標準註釈」はヨハンネス・テウトニクスの註釈を一部修正の上で採用し、ヴィンケンティウスとダマススの註釈に見られる「教師に与えられる聖職禄の大小が問題だ」という見解を採用していない。これは、おそらく教師に対する給料の支払いを参事会に負担させるかどうかが切実な問題であって、いったん、参事会に負担させることになれば、どの聖職禄をいつ割り当てるかは参事会自身の判断に委ねればよい、と考えられたからだろうと推測される。この解釈は、一方で聖堂参事会に対する司教の権限を回復しようとする教会改革の理念に従いながら、他方で現実の法実務に大きな混乱を来さないようにとの配慮に基づく解釈と見ることができる。

このように、カノン法学者は、基本的に、教会改革の理念に沿う方向で法を解釈している。しかし、同時に、かれらは、ときには聖書の文言さえ限定的に解釈するなど、教会の法制度が、中世西欧の現実社会の中で、生きた制度やモラルとして機能するように努力を傾けた。その結果、かれらの法解釈は、調整的、融和的立場からの解釈になった。しかし、この場合の調整的、融和的立場は、決して保守的立場と同義ではない。カノン法の註釈者たちは、対立する利害の調整や矛盾する法規則の融和に際して、合理性やキリスト教的倫理との適合性などのいくつかの原則を立て、これを基準として法を解釈した。そして、まさにこのことによって、かれらは現状の不合理な点や進歩に対する障害を除去することができ、かれらの造り出した学説法が、時代と共に歩みかつ時代を先取りして、西欧世界全体の法や法律学を基礎づけたのである。

〔原載——國學院大學日本文化研究所報二一四号、平成十二年五月〕

律令研究会の歩み

昭和四十三年　國學院大學理事千家尊宣氏の提唱により発足（十二月）

昭和四十四年　第一回例会開催（於國學院大學常磐松二号館三階小会議室）瀧川政次郎・坂本太郎両氏を講師に迎え、『令集解』の講読を開始する。坂本氏が該当条文を音読し、原文校訂を施した後、瀧川氏が講釈するという形式で研究会が進行。（一月二十五日）

瀧川政次郎氏、『譯註日本律令』編纂・刊行のため、全国規模の律令研究会を結成

昭和四十七年　設立総会を開催　於東京大神宮会館（三月十六・十七日）

関東部会を開催　於國學院大學常磐松二号館小会議室（五月二十六日）

関西部会を開催　於京都大学楽友会館（六月三日）

伊勢部会を開催　於宇治（六月七日）

『律令研究会資料』第一号（伊勢班刊、非売品）を刊行（六月）

昭和四十八年

『律令研究会資料』第二号（東京班刊、非売品）を刊行（七月）

律部会を開催　於明治神宮会館（七月十五日）

『律令研究会資料』第三号（東京班刊、非売品）を刊行（八月）

第二回総会を開催　於東京大神宮会館（十月八・九日）

昭和四十九年

『律令研究会資料』第四号（律令研究会刊、非売品）を刊行（三月）

久保正幡氏による帰朝報告（第四十一回例会、六月十六日）

職員令集解の講読修了（第四十三回例会、九月二十二日）

西田長男氏を講師として神祇令集解の講読開始（第四十四回例会、十月二十日）

後宮職員令について角田文衛氏の特別講義（第四十七回例会、一月十九日）

昭和五十年

僧尼令について井上薫氏の特別講義（第五十四回例会、十一月十六日）

神祇令集解の講読修了（第五十五回例会、十二月七日）

瀧川・坂本氏を講師として僧尼令集解の講読開始（第五十六回例会、一月十八日）

『譯註日本律令』第二巻 律本文篇上巻（担当小林宏・嵐義人氏）を東京堂出

版より刊行（三月二十八日）
『譯註日本律令』第三巻 律本文篇下巻（担当小林宏・嵐義人氏）を刊行（八月三十日）

昭和五十一年
『譯註日本律令』第四巻 律本文篇別冊（解題執筆島田正郎・小林宏氏）を刊行（九月二十五日）
瀧川・坂本両氏を講師として戸令集解の講読開始。この日、戸令について村尾次郎氏の特別講義（第六十八回例会、六月十九日）
瀧川政次郎・坂本太郎・久保正幡三氏による研究報告。瀧川「法典編纂」、坂本「大系本令集解編纂の経緯」、久保「アルックスシウスと注釈ローマ法大全」（第七十三回例会、十二月十一日）

昭和五十二年
久保正幡氏の研究報告「ザクセンシュピーゲルについて」（第八十三回例会、十二月十七日）

昭和五十三年
瀧川政次郎氏の研究報告「敦煌出土判集に見えたる緊急非難の法理」（第八十五回例会、三月十八日）
『譯註日本律令』第一巻 首巻（執筆瀧川政次郎・戴炎輝・橋川時雄氏）を刊行

（五月二十五日）
水戸部正男氏の研究報告「焼尾荒鎮について」（第九十一回例会、十二月十六日）

昭和五十四年

瀧川・坂本両氏を講師とする集解講読を終了（戸令集解造官戸籍条）（第九十二回例会、一月二十日）
小林宏氏が講師として読解し、その後瀧川・坂本両氏が大局的見地より講釈を加えるという形式をもって研究会を継続（戸令集解良人家人条）（第九十三回例会、四月二十一日）
戸令集解の講読終了（第九十四回例会、五月十九日）
田令集解の講読開始（第九十五回例会、六月十六日）
『譯註日本律令』第五巻 唐律疏議譯註篇一（執筆滋賀秀三氏）を刊行（十月二十日）
第百回記念例会を開催。挨拶：國學院大學日本文化研究所長内野吾郎氏、所懐：瀧川政次郎氏、研究発表：時野谷滋氏「日唐における封戸の点定」、講読：小林宏氏「田令集解公田条」（十二月八日）

昭和五十六年　小林宏氏講読、瀧川・坂本両氏解説形式の研究会を終了。この例会をもって瀧川・坂本両氏は研究会より退く。（第百九回例会、一月□日）
新生律令研究会発足。会員による輪読形式を採用、集解末尾の篇目の喪葬令より講読開始（第百十回例会、六月二十七日）

昭和五十七年　喪葬令集解の講読終了（第百十六回、七月十日）
仮寧令集解の講読開始（第百十七回、十月十六日）

昭和五十八年　仮寧令集解の講読終了（第百二十一回、五月二十八日）
廏牧令集解の講読開始（第百二十二回、六月二十五日）

昭和五十九年　『日本律復原の研究』（國學院大學日本文化研究所編、国書刊行会、責任編集小林宏・高塩博氏）を刊行（六月三十日）
『譯註日本律令』第六巻 唐律疏議譯註篇二（執筆窪添慶文・八重津洋平・滋賀秀三・中村裕一氏）を刊行（九月十五日）

昭和六十年　廏牧令集解の講読終了、公式令集解の講読開始（第百三十七回、五月二十五日）
水戸部正男氏の研究報告「御成敗式目第一条の成立」（第百四十二回、十二

月二十一日）

昭和六十一年　第百五十回記念例会を開催。研究報告：下村效氏「『刑政総類』所収発布者不明の分国法について――とくに盗犯をめぐって――」（十一月二十九日）

昭和六十二年　『譯註日本律令』第七巻 唐律疏議譯註篇三（執筆島田正郎・中村茂夫・奥村郁三氏）を刊行（六月三十日）

岡野誠氏の研究報告「西域発見唐代法制文献の研究について」（第百五十八回例会、十二月五日）

昭和六十三年　木下良氏の研究報告「日本古代駅路と世界の古代道――特にローマ道との比較を中心に――」（第百六十七回例会、十二月十日）

平成元年　『譯註日本律令』第十巻 令義解譯註篇二（執筆瀧川政次郎・坂本太郎・本田安次・角田文衞氏）を刊行（四月十日）

高藤昇氏の研究報告「風土記と律令」（第百七十六回例会、十二月十六日）

平成二年　小林宏氏の研究報告「因准について――明法家の法解釈論――」（第百八十三回例会、九月二十九日）

久保正幡氏の研究報告「比較法的にみた律令法」（第百八十五回例会、十二

月二十一日）

平成三年　『譯註日本律令』第九巻 令義解譯註篇一（執筆瀧川政次郎氏）を刊行（十月二十日）

古瀬奈津子氏の研究報告「儀式における唐礼の継受」（第百九十五回例会、二月八日）

平成四年　第二百回記念例会を開催。瀧川・坂本両氏の講義テープ（職員令攝津職条）の聴講、報告：島善高氏「晩年の瀧川政次郎博士」、下村效氏「律令研究会での瀧川先生」（十月七日）

公式令朝集使条について木下良氏の特別講義（第二百一回例会、十一月二十八日）

平成六年　佐藤邦憲氏の研究報告「明代の律令考――洪武年律令編纂の二、三の史料の検討から――」（第二百十二回例会、一月二十九日）

長又高夫氏の研究報告「律令の越訴と中世の越訴」（第二百十六回例会、六月十一日）

平成七年　川村康氏の研究報告「宋代における絶対的法定刑の修正について」（第二

平成八年　百二十一回例会、一月二十一日）

後藤武秀氏の研究報告「新律綱領の虚像と実像――法原理とその運用実態の関係をめぐって――」（第二百三十回例会、一月十三日）

『譯註日本律令』第八巻 唐律疏議譯註篇四（執筆林紀昭・川村康・戴東雄・中村正人氏）を刊行（九月二十日）

平成九年　公式令集解の講読終了（第二百三十九回例会、一月十一日）

丸山裕美子氏の研究報告「敦煌写本書儀にみる唐代法制史料」（第二百四十回例会、三月八日）

営繕令集解の講読開始（第二百四十一回例会、四月十二日）

平成十年　第二百五十回記念例会を開催。瀧川、坂本両氏の講義テープ（職員令攝津職条）の聴講、報告：大津透氏「格式法の位置付けをめぐって」、島善高氏「中国における瀧川政次郎博士」（三月十四日）

平成十一年　村上一博氏の研究報告「明治期弁護士考――馬袋鶴之助文書の研究――」（第二百五十九回例会、一月九日）

瀬賀正博氏の研究報告「明法勘文の機能について」（第二百六十回例会、三

月十三日）
営繕令集解の講読終了（第二百六十一回例会、五月八日）
『譯註日本律令』第十一巻令義解譯註篇別冊（解題執筆水本浩典氏）を刊行（六月十日）、本書をもって『譯註日本律令』完結
衣服令について佐多芳彦氏の特別講義「衣服令集解総説——服飾史・有職故実からみた「衣服令」——」（第二百六十二回例会、六月十二日）
『譯註日本律令』第二・第三巻 律本文篇上下巻および第五巻 唐律疏議譯註篇一の再版刊行（六月三十日）

平成十二年
渕倫彦氏の研究報告「西欧中世の註釈学者と法律学」（第二百六十九回例会、三月十八日）
衣服令集解の講読終了（第二百七十四回例会、九月九日）
儀制令集解の講読開始（第二百七十五回例会、十月二十八日）

平成十三年
近藤好和氏の研究報告「律令制下の武具」（第二百七十八回例会、二月十日）
高塩博氏の研究報告「江戸幕府法における敲と入墨の刑罰」（第二百八十一回例会、六月九日）

平成十四年　山下重一氏の研究報告「白鳳仏の一考察――山田寺仏頭をめぐって――」（第二百八十七回例会、一月二十六日）

平成十五年　榎本淳一氏の研究報告「奴婢は奴隷か」（第二百九十八回例会、三月十五日）
第三百回達成記念例会開催。瀧川・坂本両氏の講義テープ（戸令為里条・戸逃走条）の聴講、報告：小林宏「日本の律法典における形式性と実用性」、長谷山彰「律令制下の判事局について」（第三百三回例会、九月十三日）
宮部香織氏の研究報告「『令集解』私記に見る古記と令釈の引用」（第三百五回例会、十一月八日）

律令研究会編の書籍（刊行発売は汲古書院）

薗田守良著『新釈令義解』上下巻、昭和四十九年八月
『官版唐律疏議』昭和五十年二月
浅井虎夫著『支那ニ於ケル法典編纂ノ沿革』影印版、昭和五十二年四月
『熊本藩訓譯本 清律例彙纂』㈠～㈤、昭和五十六年十月～昭和五十七年二月

編集後記

本書は、律令研究会の例会が三百回を迎えたのを記念して、これを編集刊行するものである。國學院大學日本文化研究所の主催する律令研究会は、昭和四十五年一月、瀧川政次郎、坂本太郎という律令学の泰斗を講師に迎えて第一回例会を開催した。当研究会はそれ以来今日に至るまで、一貫して『令集解』を講読し続けている。

『令集解』とは、養老令の註釈書集成とでも言うべき書で、九世紀後半から十世紀初頭にかけての頃、明法家惟宗直本が著したとされている（詳細は水本浩典氏執筆の解題〈『国史大系書目解題』下巻、平成十四年、吉川弘文館〉を参照）。『令集解』は、養老令三十篇のうち二十三篇の集解を今日に伝えている。本書は相当に難解な書であって、二十三篇のすべての集解を一個人が孤独に精読するのは、およそ不可能に近く気の遠くなる話である。このような研究会を通して取り組んでいるからこそ、何とか読み続けることができるのである。とは言うものの、二十三篇中、学令、選叙令、継嗣令、考課令、禄令、宮衛令の六篇の集解はいまだ講読していない。三十四年の歳月をかけて四分の三程度しか読み進まなかったのだから、全篇の講読を完了するのは、単純に計算してもこれから先十年余は必要となる。毎回の例会では、会員諸氏が首をかしげ、あるいは額に皺を寄せながら難解な注釈に悩み、かつ楽しんでいる。研究会は今後も継続する予定であるから、解釈に挑んでみたい方は遠慮なく参加いただきたい。

さて、瀧川、坂本両先生引退の後、昭和六十年度よりは年に一度の割合で、会員諸氏あるいは会員外の研究者からそれぞれ最新の研究を報告していただき、視野を広めるよう努めてきた（巻末の「律令研究会の歩み」参照）。研究報告はその都度、弊研究所の所報に要旨を掲載した。その要旨が相当の分量に達したので、例会三百回を迎えたのを機に一冊の書物にまとめたのが本書である。編集にあたっては、瀧川先生の文章をその遺稿の中より関係部分を採録させていただいた。また坂本先生のは、『譯註日本律令』の職員令の訳註をされていた時期の文章を掲載した。発表後三十年を経た今日、ますます読まれるべき文章であろう。その他、他誌に掲載された会員諸氏の文章のうち、当研究会と関係の深い数篇も収載した。転載を許可された各位にお礼申し上げる。

律令研究会が長年継続できたのも日本文化研究所という場があってのことである。研究会に理解を示された歴代の所長、ならびに所員一同に対し、この場を借りて深謝の意を表するものである。

本書のタイトル文字は、大島敏史氏（号祥泉）に再びお願いした。今回も公私御多用のさなかの揮毫であり、御礼の言葉もない。出版を引受けていただいたのも、前回に引続いて汲古書院である。最後になってしまったが、社長石坂叡志氏、編集を担当して下さった小林詔子氏にも、厚く御礼申し上げる。

平成十六年一月

高塩　博

執筆者紹介（五十音順）

石岡　浩（いしおか　ひろし）
昭和三十八年生　明治大学法学部非常勤講師　中国法制史
主要論著：「漢代有期労役刑制度における復作と弛刑」（『法制史研究』五十号、平成十三年、法制史学会）
「両晋・南朝の却罪にみる肉刑と冶士」（池田温編『日中律令制の諸相』所収、平成十四年、東方書店）

榎本　淳一（えのもと　じゅんいち）
昭和三十三年生　工学院大学工学部助教授　日本古代史
主要論著：「唐日戸令当色為婚条について」（佐伯有清編『日本古代中世の政治と宗教』所収、平成十四年、吉川弘文館）
「日唐賤民の身分標識について」（笹山晴生編『日本律令制の構造』所収、平成十五年、吉川弘文館）

大津　透（おおつ　とおる）

昭和三十五年生　東京大学大学院人文社会系研究科助教授　博士（文学）　日本古代史

主要論著：『律令国家支配構造の研究』（平成五年、岩波書店）

『古代の天皇制』（平成十一年、岩波書店）

川村　康（かわむら　やすし）

昭和三十六年生　関西学院大学法学部教授　東洋法制史

主要論著：「雑律」訳註（律令研究会編『譯註日本律令』第八巻唐律疏議譯註篇四、平成八年、東京堂出版）

「宋代主刑考」（『法と政治』第四十八巻第一号、平成九年、関西学院大学法政学会）

木下　良（きのした　りょう）

大正十一年生　古代交通研究会会長　歴史地理学

主要論著：『国府——その変遷を主にして——』（昭和六十三年、教育社〔歴史新書〕）

『道と駅』（平成十年、大巧社）

木暮　英夫（こぐれ　ひでお）
大正八年生　元國學院大學法学部教授　民法学・日本法制史
主要論著：『法学総論・憲法』（昭和四十四年、酒井書店）
「養老令の戸籍法」（『國學院法学』第十二巻第二号、昭和四十九年）

後藤　武秀（ごとう　たけひで）
昭和二十九年生　東洋大学法学部教授　日本法制史
主要論著：張晋藩著『中国法制史』上下（共訳、日本比較法研究所翻訳叢書三五、平成七年、中央大学出版部）
「臨時調査における「台湾祭祀公業令」の起草」（『東洋大学アジア・アフリカ文化研究所年報』三十三号、平成十一年）

小林　宏（こばやし　ひろし）
昭和六年生　國學院大學名誉教授　法学博士　日本法制史
主要論著：『明治皇室典範』上下（共編、平成八・九年、信山社）

『律令論纂』（編著、平成十五年、汲古書院）

近藤　好和（こんどう　よしかず）

昭和三十二年生　神奈川大学大学院歴史民俗資料学研究科・駒澤大学文学部非常勤講師、博士（文学）　有職故実

主要論著：『弓矢と刀剣――中世合戦の実像』（平成九年、吉川弘文館）『中世的武具の成立と武士』（平成十二年、吉川弘文館）

坂本　太郎（さかもと　たろう）

明治三十四年生（故人）　元東京大学文学部・國學院大學文学部教授　文学博士　日本古代史

主要論著：『坂本太郎著作集』全十二巻（昭和六十三年～平成元年、吉川弘文館）

佐藤　邦憲（さとう　くにのり）

昭和十八年生　日本大学法学部教授　東洋法制史

主要論著：「明律・明令と大誥および問刑条例」（滋賀秀三編『中国法制史――基礎資料の研究――』所収、平成五年、東京大学出版会）

「元代の刑罰についての一考察――〝刑罰体系〟についての再検討とその試論――（一）（二）」（『日本法学』第六十八巻第一号・第六十九巻第一号、平成十四・十五年）

島　善高（しま　よしたか）
昭和二十七年生　早稲田大学社会科学部教授　日本法制史
主要論著：『近代皇室制度の形成――明治皇室典範のできるまで』（平成六年、成文堂）
『元老院国憲按編纂史料』（編著、平成十二年、国書刊行会）

下村　效（しもむら　いさお）
大正十五年生（故人）　元國學院大學栃木短期大學教授　文学博士　日本中世史
主要論著：『戦国・織豊期の社会と文化』（昭和五十七年、吉川弘文館）
『日本中世の法と経済』（平成十年、続群書類従完成会）

瀬賀　正博（せが　まさひろ）
昭和四十五年生　國學院大學栃木中学高等学校教諭　博士（法学）　日本法制史
主要論著：「明法勘文機能論」（『法制史研究』四十九号、平成十一年、法制史学会）

「明法道における判例および学説法」（小林宏編『律令論纂』所収、平成十五年、汲古書院）

高塩　博（たかしお　ひろし）
昭和二十三年生　國學院大學日本文化研究所教授　法学博士　日本法制史
主要論著：『日本律の基礎的研究』（昭和六十二年、汲古書院）
『熊本藩法制史料集』（共編、平成八年、創文社）

高藤　昇（たかふじ　のぼる）
大正十年生　元國學院大學職員　風土記研究
主要論著：「和銅六年五月甲子の官命と風土記の成立」（國學院大學院友学術振興会編『新国学の展開』所収、平成九年、おうふう）
「地図と風土記――風土記律令考――」（『風土記研究』第二十七号、平成十五年）

瀧川　政次郎（たきかわ　まさじろう）
明治三十年生（故人）　元國學院大學法学部教授　法学博士　日本法制史

主要論著：『律令の研究』（昭和六年、刀江書院、のち昭和六十三年に名著普及会より復刊）
『法制史論叢』全四冊（昭和四十二年、角川書店）

長又　高夫（ながまた　たかお）
昭和三十九年生　國學院大學日本文化研究所兼任講師　博士（法学）　日本法制史
主要論著：『日本中世法書の研究』（平成十二年、汲古書院）
「明法博士官歴攷」（小林宏編『律令論纂』所収、平成十五年、汲古書院）

長谷山　彰（はせやま　あきら）
昭和二十七年生　慶應義塾大学文学部教授　法学博士　日本法制史
主要論著：『律令外古代法の研究』（平成二年、慶應通信）
『日本古代の法と裁判』（平成十六年、創文社）

渕　倫彦（ふち　みちひこ）
昭和十六年生　東京都立大学法学部教授　西洋法制史とくに中世カノン法史
主要論著：「エルンスト・トレルチ著「キリスト教会およびキリスト教諸集団の社会教説」（邦訳一）

〜（邦訳十七）」（『東京都立大学法学会雑誌』第二十九巻第二号〜第四十四巻第一号、昭和六十三〜平成十五年）

「いわゆるグラティアーヌスの正戦論について――Decretum Gratiani, Pars Ⅱ：Causa ＸＸⅢに関する若干の考察――」（『比較法史研究十一「法生活と文明史」』所収、平成十五年）

古瀬　奈津子（ふるせ　なつこ）

昭和二十九年生　お茶の水女子大学文教育学部教授　博士（文学）　日本古代史

主要論著：『日本古代王権と儀式』（平成十年、吉川弘文館）

『遣唐使の見た中国』（平成十五年、吉川弘文館）

丸山　裕美子（まるやま　ゆみこ）

昭和三十六年生　愛知県立大学文学部助教授　博士（文学）　日本古代史

主要論著：『日本古代の医療制度』（平成十年、名著普及会）

『古代天皇制を考える』（共著、平成十三年、講談社〔日本の歴史08〕）

水戸部　正男（みとべ　まさお）
明治四十三年生（故人）　元横浜国立大学教育学部教授　法学博士　日本法制史
主要論著：『公家新制の研究』（昭和三十六年、創文社）
『日本史上の天皇』（昭和四十二年、福村出版）

宮部　香織（みやべ　かおり）
昭和四十八年生　國學院大學日本文化研究所調査員　日本法制史
主要論著：「大宝令注釈書「古記」について――研究史の整理と問題点――」（『國學院大學日本文化研究所紀要』第九十輯、平成十四年）
「『令集解』所引の唐令の機能――明法家の法解釈によせて――」（小林宏編『律令論纂』所収、平成十五年、汲古書院）

村上　一博（むらかみ　かずひろ）
昭和三十一年生　明治大学法学部教授　博士（法学）　日本法制史
主要論著：『明治離婚裁判史論』（平成六年、法律文化社）
『日本近代婚姻法史論』（平成十五年、法律文化社）

山下　重一（やました　しげかず）
大正十五年生　國學院大學名誉教授　西洋政治思想史
主要論著：『J・S・ミルの政治思想』（昭和五十年、木鐸社）
『評註ミル自伝』（平成十五年、御茶の水書房）

律令法とその周辺

平成十六年三月　発行

國學院大學日本文化研究所　編

〒150-8440　東京都渋谷区東四－一〇－二八

印刷　富士リプロ

発行所　汲古書院

〒102-0072　東京都千代田区飯田橋二－五－四

電　話〇三（三二六五）九七六四

ＦＡＸ〇三（三二二二）一八四五

ISBN4－7629－4166－2　C3020